服务业企业会计

主 编 王爱清
副主编 许贤芝

北京理工大学出版社
BEIJING INSTITUTE OF TECHNOLOGY PRESS

版权专有 侵权必究

图书在版编目（CIP）数据

服务业企业会计 / 王爱清主编. ——北京：北京理工大学出版社，2019.9
ISBN 978-7-5682-7003-8

Ⅰ. ①服… Ⅱ. ①王… Ⅲ. ①服务业-企业会计-职业教育-教材 Ⅳ. ①F719

中国版本图书馆 CIP 数据核字（2019）第 082806 号

出版发行 /	北京理工大学出版社有限责任公司
社　　址 /	北京市海淀区中关村南大街 5 号
邮　　编 /	100081
电　　话 /	（010）68914775（总编室）
	82562903（教材售后服务热线）
	68948351（其他图书服务热线）
网　　址 /	http://www.bitpress.com.cn
经　　销 /	全国各地新华书店
印　　刷 /	定州市新华印刷有限公司
开　　本 /	787 毫米×1092 毫米　1/16
印　　张 /	11
字　　数 /	261 千字
版　　次 /	2019 年 9 月第 1 版　2019 年 9 月第 1 次印刷
定　　价 /	34.00 元

责任编辑 / 张荣君
文案编辑 / 代义国
责任校对 / 周瑞红
责任印制 / 边心超

图书出现印装质量问题，请拨打售后服务热线，本社负责调换

前 言
PREFACE

  为了适应不断发展的服务业企业会计教学的需要，通过大量的调查研究，本书在吸收近年来出版的各类教材优点的同时，力求突破过去教材编写的套路，具有以下几方面的特点：

  第一，本书按照最新的《企业会计准则》编写，对现有服务业企业会计教材的内容，从概念、分类到方法的选用，进行了全面的更新，使教学与最新的法律法规同步。

  第二，本书遵循理论联系实际的原则，在内容安排上既遵循会计核算的理论体系，又符合实际的工作程序。本书在阐述会计基本理论、基本知识和基本核算方法的基础上，又紧密地结合服务业企业的实际情况，能够为走上会计工作岗位的读者提供足够的帮助。所以，本书既有理论的高度，又有实际的应用价值。

  第三，本书突破了会计核算只讲核算和制度的模式，将具体的会计核算和实践中的案例结合起来进行阐述。本书在叙述会计核算方法的同时，结合实际工作强调了会计核算和企业实际业务流程环节的业务处理，着重将会计核算与业务处理流程融为一体，具有重大的现实意义。

  第四，选取了新的实例、实务资料。为了突出服务业企业会计的应用性，书中选取了许多实例、实务资料，这样既有利于读者对本课程的理解，又可激发读者的学习兴趣。

  第五，本书结构新颖，设置了不同的模块，如引导案例、提示、知识链接、知识拓展等。在重要知识点介绍完后，设置了"想一想"模块，供读者思考，促进读者及时回顾、及时整理，一边学习、一边消化，有效地避免了知识的遗忘，提高了学习效率，并为以后的应用打下基础。

  本书简明实用，既可作为服务业职业教育专业教科书，也可以作为从事服务业管理人员的培训教材或参考书。

目录 CONTENTS

项目一　绪论 ……………………………………………………………………… 1
　　任务一　认知服务业企业会计 …………………………………………………… 2
　　任务二　认知会计要素 …………………………………………………………… 7
　　任务三　认知会计核算基础 ……………………………………………………… 13

项目二　货币资金 ……………………………………………………………… 22
　　任务一　认知货币资金 …………………………………………………………… 23
　　任务二　认知库存现金 …………………………………………………………… 25
　　任务三　认知银行存款 …………………………………………………………… 31
　　任务四　认知其他货币资金 ……………………………………………………… 35

项目三　存货 …………………………………………………………………… 38
　　任务一　认知存货 ………………………………………………………………… 39
　　任务二　认知原材料 ……………………………………………………………… 45
　　任务三　认知低值易耗品 ………………………………………………………… 50

项目四　固定资产和无形资产 ………………………………………………… 54
　　任务一　认知固定资产 …………………………………………………………… 55
　　任务二　认知无形资产 …………………………………………………………… 69

项目五　负债 …………………………………………………………………… 77
　　任务一　认知负债 ………………………………………………………………… 78
　　任务二　认知流动负债 …………………………………………………………… 80
　　任务三　认知非流动负债 ………………………………………………………… 87

目录

项目六 　所有者权益 ··· 93
　　任务一　认知所有者权益 ·· 94
　　任务二　认知实收资本 ·· 95
　　任务三　认知资本公积 ·· 99
　　任务四　认知留存收益 ··· 103

项目七 　营业收入 ··· 107
　　任务一　认知客房业务收入 ··· 108
　　任务二　认知餐饮业务收入 ··· 112
　　任务三　认知商品业务收入 ··· 115
　　任务四　认知其他业务收入 ··· 117

项目八 　营业成本 ··· 120
　　任务一　认知客房营业成本 ··· 121
　　任务二　认知餐饮原材料成本 ·· 124
　　任务三　认知商品销售成本 ··· 127
　　任务四　认知其他营业成本 ··· 132

项目九 　期间费用 ··· 135
　　任务一　认知销售费用 ··· 136
　　任务二　认知管理费用 ··· 139
　　任务三　认知财务费用 ··· 142

项目十 　税费和利润 ·· 145
　　任务一　认知税费 ··· 146
　　任务二　认知利润 ··· 154
　　任务三　认知利润分配 ··· 160

项目十一 　财务报告 ·· 163
　　任务一　认知财务报告 ··· 164
　　任务二　认知资产负债表 ·· 167
　　任务三　认知利润表 ·· 177
　　任务四　认知现金流量表 ·· 182
　　任务五　认知所有者权益变动表 ··· 186
　　任务六　认知会计报表附注 ··· 188

参考文献 ··· 190

项目一

绪　论

知识目标

- 了解服务业企业会计的定义、职能、对象、目标和方法。
- 掌握会计要素和会计等式。
- 理解会计基本假设和会计信息质量要求。

技能目标

- 能根据经济业务的内容，正确选择应采用的会计账户。
- 能根据所涉及会计账户的性质，明确应借记或贷记。
- 能够规范地列示会计分录。

项目一 绪论

知识导图

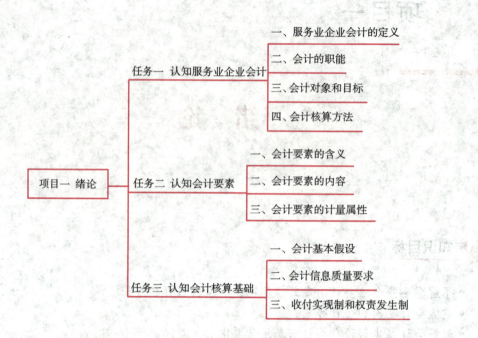

任务一 认知服务业企业会计

引导案例

关于服务业企业会计,有以下几种说法。
(1) 有人说服务业企业会计就是给服务业企业记账、算账、报账。
(2) 有人说服务业企业的会计部门就是服务业企业会计。
(3) 有人说在服务业企业财务部门工作的人员就是服务业企业会计。
思考: (1) 这些说法对不对?
(2) 究竟什么是服务业企业会计?
(3) 会计能为企业做些什么?

一、服务业企业会计的定义

服务业企业会计是指以货币作为主要计量单位,针对服务业企业的经济活动,通过收集、加工,提供以会计信息为主要经济信息,并为取得最佳经济效益,对经济活动进行控制、分析、预测和决策的一种经济管理活动。

服务业企业会计是把会计的基本原理同服务业企业的特点和业务实践相结合，系统研究服务业企业会计活动及其发展规律的学科。

☞ 提示

会计是以货币为主要计量单位，运用一系列专门方法，全面、连续、系统地对经济组织的经济活动进行核算的一项经济管理活动。

服务业企业是以服务设施为条件，以向消费者提供劳务服务为特征的服务性行业，是国民经济的重要组成部分。近年来，随着我国经济的发展和人民生活水平的提高，服务业得到大力发展，其在经济发展中的地位和作用也进一步提高。

服务业企业作为营利性经济组织，也要进行经济核算，并加强科学管理以追求经济效益。而会计作为管理工作的重要组成部分，其重要性不言而喻。

☞ 想一想

服务业企业会计核算同其他行业的会计核算有何不同？

知识拓展

会计的产生和发展：
(1) 会计是为了适应生产活动发展的需要而产生的。
(2) 会计是生产活动发展到一定阶段的产物。
(3) 会计从产生到现在经历了古代会计、近代会计和现代会计3个阶段。

二、会计的职能

会计的职能是指会计在经济管理过程中所具有的功能，具体而言，即会计是用来做什么的。会计的职能随着会计的发展而变化，但其职能仍可概括为基本职能和延伸职能两个层次。

（一）基本职能

服务业企业会计具有会计核算和会计监督两大基本职能。

1. 核算职能

会计的核算职能是会计工作的基础，又称为反映职能，是指将服务业企业已经发生的经济业务，通过确认、计量、记录和报告，转化为反映企业经济活动全过程及结果的会计信息。

☞ 知识链接

会计核算职能的特点：
(1) 以货币为主要计量单位，从价值量方面反映各单位的经济活动情况。
(2) 核算过去已经发生的经济活动。
(3) 会计核算的信息具有全面性、连续性和系统性。

会计核算的基本环节如图1-1所示。

图1-1 会计核算的基本环节

2. 监督职能

会计的监督职能即控制职能，是指监督服务业企业的经济活动的全过程，使之按照规定的要求进行，以达到预定目标的职能。

> ☞ **提示**
>
> 会计监督是对经济业务的合理性、合法性、有效性进行审查。

> ☞ **知识链接**
>
> 会计监督职能的特点：
> (1) 会计监督主要利用价值指标进行货币监督。
> (2) 会计监督既要对已发生的经济活动进行事中、事后监督，又要对未来的经济活动进行事前监督。
> (3) 会计监督是单位内部的监督，不可为外部监督所替代。

3. 会计核算职能和监督职能的关系

会计的核算职能和监督职能是密不可分、相辅相成的，同时又是辩证统一的。一方面，核算职能是监督职能的基础。没有核算职能提供的信息，就不可能进行会计监督，如果没有会计核算提供可靠、完整的会计资料，会计监督就没有客观依据，也就无法进行。另一方面，监督职能是核算职能的保证。没有监督职能进行控制，提供有力的保证，就不可能提供真实可靠的会计信息，也就不能发挥会计管理的能动作用，会计核算也就失去了存在的意义。

（二）延伸职能

服务业企业会计的延伸职能主要有控制经济过程、分析经济效果、预测经济前景和参与经济决策等。

> ☞ **想一想**
>
> 会计的基本职能和延伸职能之间的关系如何？

三、会计对象和目标

（一）会计对象

会计对象就是会计所要反映和监督的内容，即会计的客体，具体指社会再生产过程中的资金运动。

☞ 提示

资金是指由企业支配的各种财产物资的货币表现及货币本身。

服务业企业进行生产经营活动的前提是拥有资金,它可以通过投资者投入或向债权人借款取得。企业所拥有的资金不是闲置不动的,而是通过资金投入、资金运用和资金退出3个阶段不断循环周转的。

☞ 知识链接

资金投入:包括所有者的资金投入和债权人的资金投入。

资金运用:指将资金运用于生产经营过程。

资金退出:包括法定程序返回投资者的投资、偿还各项债务、向投资者分配利润等。

服务业企业可将货币形态的资金部分用于购置房屋、机器设备、运输工具等,形成固定资金,部分用于购买原材料和库存商品,形成存货资金,而后根据消费者需求将原材料加工成饮食制品或企业商品,为消费者提供服务或者将商品销售给消费者,收回货币。在经营过程中,房屋、机器设备发生的损耗和支付给职工的工资等耗费可以从收回的资金中得到补偿,从而实现资金的循环。

☞ 想一想

服务业企业中的客房业务的资金是如何运动的?

(二)会计目标

会计目标即设置会计的目的与要求,是对会计自身所提供的经济信息的内容、种类、时间、方式及质量等方面的要求。

☞ 提示

会计目标是要回答会计应做些什么的问题,具体如图1-2所示。

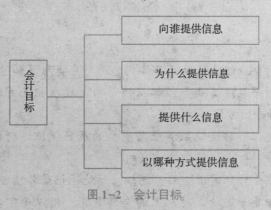

图1-2 会计目标

☞ 知识链接

关于会计目标的两种观点:

(1)决策有用观:认为会计的目标是向信息使用者提供对其进行决策有用的信息。

(2)受托责任观:认为会计的目标是反映管理层受托责任的履行情况。

根据会计准则规定，服务业企业会计的目标是向财务会计报告使用者提供与企业财务状况、经营成果、现金流量和所有者权益变动等有关的会计信息，反映企业管理层受托责任的履行情况，有助于财务会计报告使用者做出经济决策。

> **提示**
>
> 财务会计报告使用者包括投资者、债权人、政府及有关部门和社会公众。

四、会计核算方法

会计核算方法是指对服务业企业已经发生的经济活动进行连续、系统和全面地反映和监督所采用的方法。

> **提示**
>
> 会计方法是核算监督会计对象的手段，包括分析方法、核算方法和检查方法。

由于会计对象的多样性和复杂性，因此决定了用来对其进行反映和监督的会计核算方法不能采用单一的形式，而应采用方法体系的模式。会计核算方法体系如图1-3所示。

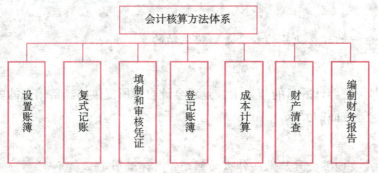

图1-3 会计核算方法体系

> **知识链接**
>
> (1) 设置账户：对企业经济活动的具体内容进行分类核算和监督的方法。
>
> (2) 复式记账：对每笔经济业务，都以相等的金额在相互关联的两个或两个以上有关账户进行登记的一种专门方法。
>
> (3) 填制和审核凭证：对反映经济业务发生的原始凭证进行审核，并据以填制记账凭证的方法。
>
> (4) 登记账簿：在会计账簿上全面、连续、系统地记录各项经济业务的方法。
>
> (5) 成本计算：归集一定计算对象上的全部费用，借以确定各对象总成本和单位成本的专门方法。
>
> (6) 财产清查：通过盘点实物等查明企业财产的实存数与账存数是否相符的方法。
>
> (7) 编制财务报告：定期反映企业财务状况、经营成果、现金流量和所有者权益及其变动情况的方法。

任务二　认知会计要素

上述各种会计核算方法是相互联系、密切配合的。在实务工作中，首先要设置账户，针对所发生的经济业务，要填制和审核会计凭证，进行复式记账，根据账簿记录进行成本计算，在财产清查、账实相符的基础上编制财务报告。会计核算的7种方法相互联系，共同构成一个完整的方法体系。

☞ **想一想**
7种会计核算方法的前后顺序能调换吗？为什么？

任务二　认知会计要素

引导案例

××年7月1日，小张准备开办一家校园超市，于是通过银行借入100 000元作为本金；7月1日支付两年的店面租金240 000元；7月2日用银行存款购买1 000元文具用品为超市自用；7月3日用银行存款购入60 000元商品，到7月31日全都卖出，并收到款项90 000元。

思考：（1）如果你是一名会计人员，应如何分类核算该超市7月份所发生的经济业务？
（2）该超市发生上述经济业务后，是否还存在会计恒等式中表述的恒等关系？

一、会计要素的含义

在会计实践中，为了分类核算从而提供各种分门别类的会计信息，必须对会计对象的具体内容进行适当的分类，于是产生了会计要素这一概念。

会计要素是根据交易或事项的经济特征所确定的会计对象的基本分类，是会计对象的具体化，是反映会计主体财务状况和经营成果的基本单位。

☞ **提示**
交易：各会计主体之间发生的价值交换。
事项：一个会计主体内部各部门之间发生的价值转移等。
交易和事项统称为经济业务。

我国企业会计准则将会计要素划分为资产、负债、所有者权益、收入、费用和利润6类，又称为会计六要素。

☞ **知识链接**
6类会计要素又可以划分为两大类：一类为反映财务状况的会计要素，又称为静态要素；另一类为反映经营成果的会计要素，又称为动态要素。会计要素的分类如图1-4所示。

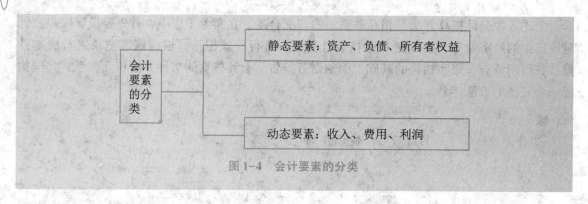

图1-4 会计要素的分类

二、会计要素的内容

1. 资产

资产是过去的交易、事项形成的,由企业拥有或者控制的,预期会给企业带来经济利益的资源。

> **知识链接**
>
> 资产的确认需满足资产的定义,除此之外,资产作为一项经济资源,与其相关的经济利益必须尽可能流入企业,而且该资源的成本或价值能够可靠地计量。资产的特征如图1-5所示。

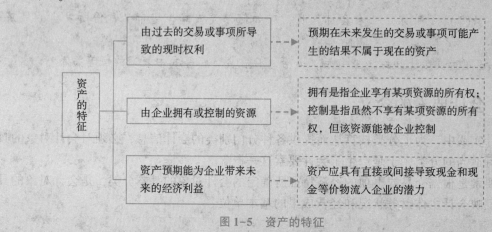

图1-5 资产的特征

> **想一想**
>
> (1) 资产是否仅指企业的各种财产?
> (2) 资产可以哪种形态存在?
> (3) 请列举服务业企业中可确认为资产的资源。

2. 负债

负债是指由过去的交易或者事项所形成的、预期会导致经济利益流出企业的现时义务。履行该项现时义务将会导致经济利益流出企业。

☞ **知识链接**

负债的确认需满足负债的定义，除此之外，负债作为一项现时义务，与其相关的经济利益必须很可能流出企业，而且未来流出的经济利益的金额能够可靠地计量。负债的特征如图1-6所示。

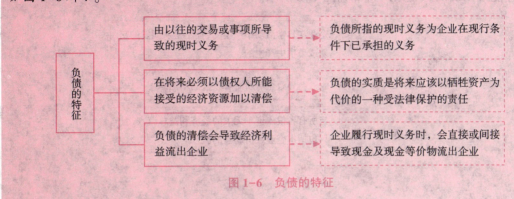

图1-6 负债的特征

☞ **想一想**

（1）正在筹划的未来交易或事项是产生负债的原因吗？
（2）未来的承诺是否属于负债的核算内容？
（3）通过承诺新的负债来清偿一项现有负债是否背离负债的实质？

3. 所有者权益

所有者权益又称为股东权益，是指资产扣除负债后由所有者享有的剩余权益。它反映了所有者对企业资产的剩余索取权。在金额上等于资产减去负债后的余额，是企业进行经济活动的"本钱"。

所有者权益的来源包括所有者投入的资本、直接计入所有者权益的利得和损失、留存收益等。所有者权益的内容如图1-7所示。

图1-7 所有者权益的内容

☞ **想一想**

负债和所有者权益有何不同？

4. 收入

收入是指企业在日常活动中形成的、会导致所有者权益增加的、与所有者投入资本无关的经济利益总流入。收入只有在经济利益很可能流入企业,且该经济利益的流入金额能可靠计量时才能予以确认。收入的特征如图1-8所示。

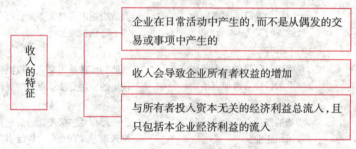

图1-8 收入的特征

知识拓展

上文所定义的收入是指狭义的收入,广义的收入还包括直接计入当期利润的利得。

利得是指由企业非日常活动所形成的、会导致所有者权益增加的、与所有者投入资本无关的经济利益的流入。

☞ **想一想**

(1) 偶发的交易或事项应作为收入核算吗?

(2) 企业取得的罚款收入是否属于收入的范畴?

(3) 为第三方代收的款项是否属于收入?

5. 费用

费用是企业在日常活动中发生的、会导致所有者权益减少的、与向所有者分配利润无关的经济利益的总流出。费用只有在经济利益很可能流出企业,而且流出金额能可靠地计量时才能被确认。费用的特征如图1-9所示。

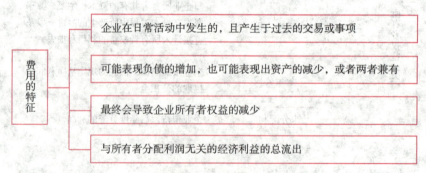

图1-9 费用的特征

任务二 认知会计要素

☞ **知识链接**

费用通常包括成本和期间费用两个方面的内容，成本是指对象化的费用，即费用中能予以对象化的部分称为成本；不能对象化的费用就是期间费用，包括管理费用、销售费用、财务费用。

知识拓展

上面所定义的费用是狭义上的概念，广义的费用还包括计入当期利润的损失和所得税费用。损失是指由企业非日常活动所发生的、会导致所有者权益减少的、与向所有者分配利润无关的经济利益的流出。

☞ **想一想**

1. 服务业企业用于加工某种产品所消耗的材料费，应计入成本还是期间费用？
2. 服务业企业发生的捐赠支出是否属于费用的范畴？

6. 利润

利润是指企业在一定会计期间的经营成果。利润包括收入减去费用后的净额、直接计入当期利润的利得和损失等。利润是反映企业经营成果的最终要素。利润的实现，会相应地表现为资产的增加或者负债的减少，其最终结果是所有者权益的增值。利润的层次如图1-10所示。

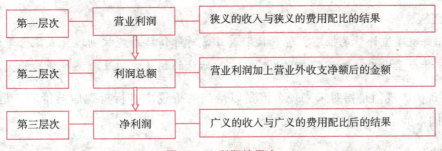

图1-10 利润的层次

☞ **想一想**

划分会计要素有什么作用？

三、会计要素的计量属性

会计计量是为了将符合确认条件的会计要素登记入账并列报于财务报表而确定其金额的过程。企业应当按照规定的会计计量属性进行计量，确定相关金额。计量属性是指计量可予以计量的特性或外在表现形式。

1. 会计计量属性

根据企业会计准则规定，会计计量属性主要包括历史成本、重置成本、可变现净值、现值和公允价值。

（1）历史成本。历史成本又称为实际成本，即取得或者制造某种资产时所实际支付的现金或现金等价物的金额。

> **知识链接**
>
> 在历史成本计量属性下：资产按照购置时支付的现金或者现金等价物的金额，或者按照购置资产时付出的对价的公允价值计量。负债按照因承担现时义务而实际收到的款项或者资产的金额，或者承担现时义务的合同金额，或者按照日常活动中为偿还负债预期需要支付的现金，或者现金等价物的金额计量。

（2）重置成本。重置成本又称为现行成本，是指按照当前市场价格，重新取得同样一项资产所需支付的现金或现金等价物的金额。

> **知识链接**
>
> 在重置成本计量属性下：资产按照现在购买相同或者相似资产所需支付的现金或现金等价物的金额计量。负债按照现在偿付该项债务所需支付的现金或现金等价物的金额计量。

（3）可变现净值。可变现净值是指在正常生产经营中，以预计售价减去进一步加工成本和销售所必须支付的预计税金、费用后的净额。

> **知识链接**
>
> 在可变现净值计量属性下，资产按照其正常对外销售所能收到现金或现金等价物的金额扣减该资产至完工时估计将要发生的成本、估计的销售费用及相关税费后的金额计量。

（4）现值。现值是指对未来现金流量以恰当的折现率进行折现后的价值，是考虑货币时间价值因素的一种计量属性。

> **知识链接**
>
> 在现值计量属性下：资产按照预计从其持续使用和最终处置中所产生的未来净现金流入量的折现金额计量。负债按照预计期限内需要偿还的未来净现金流出量的折现金额计量。

（5）公允价值。公允价值是指市场参与者在计量日发生的有序交易中，出售一项资产所能收到或者转移一项负债所需支付的价格。

> **知识链接**
>
> 在公允价值计量属性下，资产和负债按照市场参与者在计量日发生的有序交易中，出售资产所能收到或者转移负债所需支付的价格计量。

对上述5种计量属性的理解如表1-1所示。

表1-1 5种计量属性的理解

计量属性	对资产的计量	对负债的计量
历史成本	按购置时的金额	按承担现实义务时的金额
重置成本	按现时购买的金额	按现在偿还的金额
可变现净值	按现时销售的金额	—
现值	按照将来的金额折现	
公允价值	有序交易中出售资产所能收到的价格	有序交易中转移负债所需支付的价格

☞ **想一想**

请分别举例说明5种计量属性。

2. 会计计量属性的应用原则

根据会计准则规定，企业在对会计要素进行计量时，一般应当采用历史成本，而采用重置成本、可变现净值、现值、公允价值计量的，应当保证所确定的会计要素金额能够取得并可靠计量。

任务三 认知会计核算基础

引导案例

A酒店由张某和李某共同出资成立，该酒店××年7月发生下列经济业务，并由会计进行了相应的处理。

（1）7月2日，张某从酒店出纳处支取400元现金给自己的孩子买文具用品，会计将400元记为酒店的办公费支出。

（2）7月10日，酒店购买了一台计算机，价值10 000元，为了少计利润，从而达到少缴税的目的，会计将10 000元一次性全部计入当期管理费用。

思考：该酒店会计对上述经济业务的处理是否正确？

一、会计基本假设

会计基本假设是指对会计核算的范围、内容、基本程序和方法所做的合理设定。

会计基本假设是会计确认、计量和报告的基本前提，是人们在长期的会计实践中逐步认识和总结经济活动规律形成的。会计基本假设如图1-11所示。

图 1-11 会计基本假设

(一) 会计主体

会计主体是指会计工作为其服务的特定单位或组织。会计主体假设明确了会计工作的空间范围，要求会计核算应当以本企业发生的各项经济业务为对象，记录和反映企业本身的各项经济活动。

> **提示**
> 企业"本身"的含义：①不反映其他企业的交易或事项；②不包括企业经营者个人的财务收支。

会计主体假设是持续经营、会计分期假设和其他会计核算的基础，指明会计核算的空间范围，解决了"核算谁的经济业务、为谁记账"的问题。因为，会计所处理的数据和提供的信息不是漫无边际的，如果不明确会计的空间界限，会计核算工作就无法进行，指导会计核算工作的有关要求也就失去了存在的意义。

> **想一想**
> 会计主体和法律主体一样吗？两者之间有什么逻辑关系？

(二) 持续经营

持续经营是指会计主体的生产经营活动将无期限地延续下去，在可以预见的未来不会因破产、清算、解散等而不复存在。持续经营假设为会计工作的正常活动做出时间规定，指明会计核算应当以企业持续、正常的生产经营活动为前提，而不考虑企业是否破产、清算等，并在此前提下选择会计政策和估计方法。

> **提示**
> 当持续经营这一假设不再成立时，建立在持续经营基础上的有关会计处理方法就不再适用，这时要以清算为假设，进行破产清算的会计处理。

持续经营假设是会计确认、计量和报告的前提，会计主体所使用的一系列方法和遵循的有关要求都是建立在会计主体持续经营的基础上的。只有在持续经营的前提下，企业的资产和负债才能区分为流动的和非流动的；企业对收入和费用的确认才能采用权责发生制；企业才有必要确立会计分期和历史成本等会计确认和计量要求。

(三) 会计分期

会计分期是指在会计主体持续经营的基础上，人为地把生产经营过程划分为若干连续的、长短相同的会计期间。企业会计准则规定，企业应当划分会计期间、分期结算账目和编制财务会计报告。

会计分期假设是对持续经营假设的必要补充。为了定期地反映企业的财务状况、经营成果和现金流量，向会计信息使用者提供决策相关的信息，企业不能等到结束经营活动时才进行收入和费用的归集与比较，进行准确的计量和编制财务报告，否则提供的会计信息就失去了应有的价值。因此，有必要人为地将持续不断的生产经营过程划分为较短的会计期间。

☞ **知识链接**

会计期间分为年度和中期。

（1）我国以公历年度作为会计年度，即从公历的1月1日至12月31日为一个会计年度。

（2）为了及时提供信息，在年度内还可划分为若干较短的会计中期，如半年度、季度和月份，凡是短于一个完整的会计年度的报告期间均为中期。

会计分期假设有着重要的意义，它明确了何时记账、算账和报账。有了会计分期，才有本期和非本期之分，才有收付实现制和权责发生制之别。只有正确划分会计期间，才能进行会计信息的比较，并及时、准确地提供给使用者。

（四）货币计量

货币计量是指会计主体在会计核算过程中应采用货币作为主要计量单位记录、反映会计主体的经营情况。在实践中，企业使用的计量单位较多，不利于全面、综合地反映企业的生产经营活动。因此，需要一种统一的计量单位作为会计核算的计量尺度——货币。货币作为会计核算的计量尺度是由货币本身的属性决定的。货币作为商品的一般等价物，能用以计量一切会计要素，也便于综合。

☞ **知识链接**

企业会计准则规定，服务业企业会计核算以人民币作为记账本位币，业务收支以人民币以外的其他货币为主的企业，也可以选定该种货币作为记账本位币，但编制的会计报表应当折算为人民币反映。

☞ **提示**

（1）其他计量单位，如实物单位、劳动工时等，在会计核算中仍要使用，只是不占主要地位。

（2）在确定货币计量假设时，必须同时确立币值稳定假设，即假设币值是相对稳定的，不会有大的波动，或者前后波动能够被抵消。

☞ **想一想**

（1）如果发生恶性通货膨胀，货币计量假设是否仍适用于会计核算？

（2）会计4个基本假设各为会计核算工作限定了哪些范围与内容？

二、会计信息质量要求

会计信息质量要求也称为会计信息质量特征，其要求会计人员在处理会计业务、提供会计信息时，需要遵循相关要求。根据我国企业会计准则规定，会计信息质量特征如图1-12所示。

图1-12 会计信息质量特征

（一）可靠性

可靠性是指企业应当以实际发生的交易或事项为依据进行会计确认、计量和报告，如实反映符合确认和计量要求的各项会计要素及其他相关信息，保证会计信息真实可靠、内容完整。

可靠性是会计信息质量的一项基本要求。因为，会计所提供的会计信息是其利益相关者进行决策的重要依据。如果会计信息不能真实、客观地反映企业经济活动的实际情况，势必无法满足有关各方进行决策的需要，甚至导致决策失误。

> **☞ 知识链接**
>
> 可靠性要求会计核算的各个阶段，包括会计确认、计量、记录和报告，必须以实际发生的交易或事项时所取得的合法的书面凭证为依据，不得弄虚作假，伪造或篡改凭证，以保证所提供的会计信息与会计反映对象的客观事实相一致。

知识拓展

> 在会计实践中，有些数据只能根据会计人员的经验或对未来的预计予以计算，如固定资产折旧年限，不可避免地受到个人主观意志的影响，但会计人员应当在统一的标准条件下将可能发生的误差降到最低程度。

（二）相关性

相关性是指企业提供的会计信息应当与财务报告使用者的经济决策需要相关，有助于财务报告使用者对企业过去、现在或未来的情况做出评价或预测。

> **☞ 知识链接**
>
> 相关性要求会计信息具有预测价值和确证价值。当会计信息通过帮助使用者评估过去、现在或未来的事项或者通过证实或纠正使用者过去的评价，而影响使用者的经济决策时，会计信息就具有相关性。

会计信息相关性如图1-13所示。

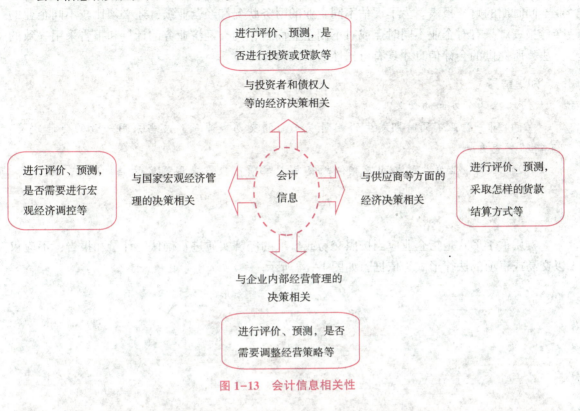

图1-13　会计信息相关性

☞ 想一想

如果企业提供的会计信息对使用者的决策没有用,是否还具有相关性?

(三) 可理解性

可理解性是指企业提供的会计信息应当清晰明了,便于财务报表使用者理解和使用。

企业提供会计信息的目的在于使用,而要使财务报告使用者有效地使用会计信息,需让其了解会计信息的内涵、明确会计信息的内容,这就要求企业提供的会计信息应当清晰明了、易于理解;否则,就无法提高会计信息的有用性。

☞ 提示

会计信息是一种专业性较强的信息产品,其能否被使用者理解,一方面取决于信息本身是否易懂;另一方面取决于使用者理解信息的能力。因此,会计人员应尽可能地传递、表达易被人理解的会计信息,而使用者也应设法增强理解会计信息的能力。

☞ 想一想

企业在财务报告中充分披露较为复杂的交易或会计处理,体现了哪一项会计信息质量特征?

(四) 可比性

可比性是指企业提供的会计信息应当相互可比。

会计信息使用者为了明确企业财务状况、经营成果和现金流量的变化趋势，必须比较企业不同时期的财务报表。为了评估不同企业的财务状况和经营业绩，还必须比较不同企业的会计报表。只有对企业不同时点或对不同企业而言，同类经济业务的计量和报告采用一致的方法，所提供的会计信息才具有可比性。

☞ 知识链接

可比性两个方面的含义。

（1）同一企业不同时期发生的相同或相似的交易或事项，应当采用一致的会计政策不得随意变更。

（2）不同企业发生的相同或相似的交易或事项，应当采用规定的会计政策，确保会计信息口径一致，相互可比。

（五）实质重于形式

实质重于形式是指企业应当按照交易或事项的经济实质进行确认、计量和报告，不应仅以交易或事项的法律形式为依据，如图 1-14 所示。

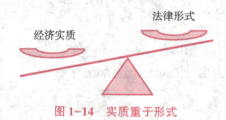

图 1-14 实质重于形式

在实际工作中，交易或事项的经济实质并非总是与其外在法律形式相一致的。为了真实地反映其拟反映的交易或事项，避免误导会计信息使用者进行决策，就必须根据交易或事项的实质和经济现实来核算、反映，而不能仅仅根据它们的法律形式。

☞ 知识链接

融资租入固定资产，从法律形式上看，企业并不拥有其所有权，不能将其作为企业的一项资产。但由于融资租赁合同中规定的租赁期限一般超过了该项固定资产可使用年限的大部分（75%），且租赁期满时，承租企业可以非常低的价格购买该固定资产。因此，从经济实质上看，应将其视为企业自有的固定资产加以核算。

☞ 想一想

经营性租入的固定资产能作为企业自有的固定资产进行核算吗？

（六）重要性

重要性是指企业提供的会计信息应当反映与企业财务状况、经营成果和现金流量等有关的所有重要交易或事项。

重要性不仅与会计信息的成本效益息息相关，并且与使用者的使用效率相关。因此，财务报告在全面反映企业财务状况和经营成果的同时，应当区别经济业务的重要程度，采用不同的会计处理程序和方法，如表 1-2 所示。

表1-2　重要性的具体要求

经济业务的重要性	会计处理
重要	单独核算、分项反映，力求准确，并在财务报告中重点说明
不重要	在不影响会计信息真实性的情况下，可适当简化会计核算或合并反映

☞ 提示

会计信息重要性的判断标准：如果会计信息的省略或错报会影响财务报告使用者据以做出决策，该信息就具有重要性。具体可从项目的性质和金额两方面加以判断。

☞ 想一想

相同的经济业务对不同的企业而言，其重要性一样吗？

（七）谨慎性

谨慎性是指企业对交易或事项进行会计确认、计量和报告应当保持应有的谨慎，不应高估资产或收益、低估负债或费用。

在市场经济环境下，企业的经济业务面临着诸多的风险和不确定性，而谨慎性则要求会计人员在处理具有不确定性的经济业务时，应保持谨慎。当一项经济业务有多种处理方法可供选择时，在不影响合理反映的前提下，应选择不虚增利润和夸大资产的方法。在会计核算过程中，应合理预计可能发生的费用和损失，而不应预计可能发生的收入和过高估计资产的价值。

☞ 知识链接

谨慎性原则在会计应用上的体现是多方面的，如计提坏账准备、存货跌价准备等资产减值准备，以及固定资产采用加速折旧法等。

☞ 提示

企业运用谨慎性原则时，不能滥用，不能以其为由任意计提各种秘密准备。

（八）及时性

及时性是指企业对于已经发生的交易或事项，应当及时进行会计确认、计量和报告，不得提前或延后。

在瞬息万变、竞争激烈的市场环境下，及时性原则要求企业的会计核算应当及时进行，以保证会计信息的时效性。信息的报告不适当地拖延，可能影响其相关性，但过于迅速地提供也可能损坏可靠性。因此，及时性还要求在最佳满足使用者经济决策需要的基础上，在相关性和可靠性之间达到平衡。

☞ 知识链接

及时性包含两重含义：一是对发生的经济业务及时记录和加工；二是将会计信息及时传递给相关使用者。

☞ 想一想

（1）提前确认以后期间的收入和费用是及时性原则的体现吗？

（2）"年度财务报告应当于年度终了后4个月内对外提供"这一阐述是否违背及时性原则？

三、收付实现制和权责发生制

企业的生产经营活动是持续不断进行的，不断地取得收入，并不断地发生费用，为了计算和确定产生的利润或亏损，需要将收入和相关费用相配比。由于会计期间是人为划分的，因此会不可避免地出现收入、费用的实际收支期间和应归属的期间不一致的情况。于是，便出现了两种可供选择的会计处理基础：收付实现制和权责发生制。

（一）收付实现制

收付实现制是以款项是否实际收到或付出作为确定本期收入和费用的标准。

☞ 知识链接

采用收付实现制会计处理基础：①凡是本期收到的款项，不论是否属于本期实现的收入，都作为本期收入；②凡是本期支付的款项，不论是否属于本期负担的费用，都作为本期费用。

【例1-1】某饭店2019年6月份发生的经济业务中：

（1）6月15日收到预交的客房收入20 000元，客户7月份入住。

答：这笔款项虽于7月份实现，但由于在6月份收到，按收付实现制的处理标准，应作为6月份的收入入账。

（2）6月20日用银行存款600元支付下半年的报刊杂志费。

答：这笔费用虽然应由2019年下半年的有关月份承担，但由于在6月份支付，因此按收付实现制的处理标准，应作为6月份的费用入账。

（3）本月客房收入中有50 000元在下个月才能收到。

答：这笔款项虽然于6月份实现，但由于在7月份才能收到，因此按收付实现制的处理标准，应作为7月份的收入入账。

（4）6月28日采购一批办公用品，价款2 000元，款项于8月份支付。

答：这笔费用虽然应由6月份承担，但由于款项在8月份才支付，因此按收付实现制的处理标准，应作为8月份的费用入账。

☞ 想一想

采用收付实现制作为会计处理基础时，本期没有实际收到或者付出的款项，是否应作为本期的收入或费用？

（二）权责发生制

权责发生制是指企业以收入的权利和支出的义务是否归属于本期为标准来确认收入和费用的一种会计处理基础。

企业会计准则规定，企业应当以权责发生制为基础进行会计确认、计量和报告。

☞ **知识链接**

采用权责发生制会计处理基础：①凡是本期已经实现的收入和发生的费用，不论款项是否实际收到或实际支付，均应作为本期的收入和费用入账；②凡是不属于本期的收入和费用，即使款项在本期收到或支付，也不作为本期的收入和费用入账。

【例1-2】沿用例1-1的例子。

分析：在权责发生制下，(1)(2)两种情况的收入和费用都归属于以后期间，应在以后享有收入权利和承担支付义务的期间确认收入和费用；(3)(4)两种情况享有收入权利和承担支付义务的期间都是本期，应确认为本期的收入和费用。

☞ **想一想**

收付实现制和权责发生制在收入和费用的确认方面有什么区别？并举例说明。

项目二

货币资金

知识目标

- 了解货币资金的含义、分类及管理原则。
- 掌握库存现金的会计核算。
- 掌握银行存款的会计核算。
- 掌握其他货币资金的会计核算。

技能目标

- 能区分货币资金包含的不同内容。
- 能规范地编制货币资金相关会计分录。
- 能运用货币资金相关知识进行案例分析。

任务一 认知货币资金

知识导图

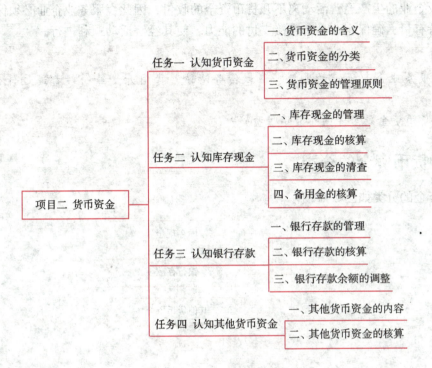

任务一 认知货币资金

引导案例

小张是某大学一年级的学生,入学3个月以来,小张有了苦恼,月末的时候生活费总是不够用,仔细想想又不知把钱用在什么地方了。学会计的小张决定把专业用在生活中:一是每天记账,记录自己在学习、生活等方面的消费;二是安排好生活费的大体用途,做好预算;三是为了安全考虑,平时身上只带少量零钱,大额的都存到银行。一个月下来,小张有了不小的惊喜,这个月的钱不仅够用,而且还有剩余。

在企业中,同样会存在库存现金、银行存款等流动性很强的资产。

一、货币资金的含义

货币资金是服务业企业拥有的,以货币形式存在的资产。货币资金是流动资产的重要组成部分,是企业流动性最强的资产。

23

项目二 货币资金

☞ 提示

流动性是指资产转换成现金或负债到期清偿所需的时间。

服务业企业的生产经营活动离不开货币资金的收付,因此,服务业企业必须保持一定的货币资金持有量,确保企业具备直接支付的能力,使其经济活动顺利进行。

☞ 想一想

(1) 服务业企业资产的购置、债权债务清偿、费用开支等一般都通过什么方式来实现?

(2) 货币资金是否等同于货币性资产?

二、货币资金的分类

货币资金的分类如图 2-1 所示。

图 2-1 货币资金的分类

(一) 库存现金

库存现金是指存放在服务业企业随时可以动用的那部分货币资金。

☞ 提示

库存现金包括人民币纸币、铸币和外币纸币、铸币。

知识拓展

广义现金包括库存现金、银行存款和其他货币资金;狭义现金仅指库存现金。我国会计界所界定的现金指的是狭义的现金,即库存现金。

☞ 想一想

库存现金是否包括特定用途的现金、备用金、在途现金及借据凭证等?

(二) 银行存款

银行存款是指服务业企业存放在银行或其他金融机构的各种款项。

☞ 知识链接

服务业企业应按规定开立和使用基本存款账户、一般存款账户、专用存款账户和临时存款账户。

(三) 其他货币资金

其他货币资金是指服务业企业除库存现金和银行存款以外的其他各种货币资金。

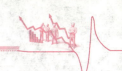

> ☞ **知识链接**
>
> 从性质上看，其他货币资金虽与库存现金、银行存款一样均属于货币资金，但因存放地点和用途有所不同，因此在会计上必须分别进行核算。

三、货币资金的管理原则

为了确保资金安全完整，服务业企业应按以下原则管理货币资金。

（1）建立货币资金业务的岗位责任制，明确相关部门和岗位的职责权限，确保不相容职务的分离、制约和监督。

> ☞ **提示**
>
> 出纳不得兼任稽核、会计档案保管和收入、支出、费用、债权债务账目的登记。不得由一人负责货币资金业务的全过程。

（2）配备合格人员，实行定期轮岗制度。
（3）建立严格的授权审批制度，明确审批的方式、权限、程序、责任和相关控制制度。
（4）单位应当加强与货币资金相关的票据管理。
（5）加强银行预留印鉴的管理。严禁一人管理支取款项所需全部印章。
（6）建立对货币资金业务的监督检查制度。

> ☞ **想一想**
>
> 由出纳负责登记库存现金和银行存款日记账，是否违背货币资金的管理原则？

任务二　认知库存现金

> **引导案例**
>
> 俗话说："手中有钱，日子不难。"某服务业企业出纳为了方便支付各种费用，在保险柜存放了大量现金，结果被小偷洗劫一空，损失极大。
>
> 思考：该出纳在保险柜存放大量现金的行为是否合理？

一、库存现金的管理

库存现金是由服务业企业财会部门掌握的，用以支付日常零星开支的库存的人民币和外币现金。现金是流动性最强的一种货币资金，最容易成为营私舞弊的对象。因此，必须加强管理和核算，以确保库存现金的安全和完整。

我国国务院颁布的《现金管理暂行条例》（以下简称《条例》）对现金的限额、使用范围、收支等做了详细规定。

(一) 库存现金限额的规定

为保证库存现金的安全，规范管理，服务业企业应按规定，并根据实际需要，核定日常零星开支所需的库存现金限额。库存现金限额由开户银行和开户单位根据具体情况商定。通常，库存现金限额以企业 3~5 天的日常零星开支数额为限；边远地区和交通不便地区的开户单位，其库存现金限额的核定天数可以适当放宽，但最多不得超过 15 天的日常零星开支。

☞ 提示

库存现金限额是指国家规定由开户行给各单位核定的一个保留现金的最高额度。

☞ 知识链接

库存现金限额经银行核准后，企业必须严格遵守。若因生产和业务发展、变化，需要增加或减少库存限额时，则可向开户银行提出申请，经批准后，方可进行调整，企业不得擅自超出核定限额增加库存现金。

(二) 库存现金的使用范围

根据《条例》的规定，服务业企业必须严格按照下列 8 个使用范围支出库存现金。

(1) 职工工资、奖金、津贴和补贴。
(2) 个人劳务报酬。
(3) 根据国家规定颁发给个人的科学技术、文化艺术、体育等各种奖金。
(4) 各种劳保、福利费用及国家规定的对个人的其他支出。
(5) 向个人收购农副产品和其他物资的价款。
(6) 出差人员必须随身携带的差旅费。
(7) 结算起点（1 000元）以下的零星支出。
(8) 中国人民银行确定需要支付现金的其他支出。

除上述情况可以使用现金支付外，其他款项的支付均应通过银行转账结算。

☞ 提示

零星支出受结算起点1 000元的限制，其他支出不受1 000元结算起点的限制。

此外，《条例》还对企业的现金使用做了 8 个禁止性规定，如图 2-2 所示。

库存现金使用的禁止性规定 {
① 不准用不符合财务制度的凭证顶替库存现金
② 不准单位之间互相借用现金
③ 不准谎报用途套取现金
④ 不准利用银行账户代其他单位和个人存入或支取现金
⑤ 不准将单位收入的现金以个人储蓄名义存入银行
⑥ 不准保留账外公款（即小金库）
⑦ 不准发行变相货币
⑧ 不准以任何票券代替人民币在市场上流通
}

图 2-2 库存现金使用的"八不准"

任务二 认知库存现金

> ☞ **想一想**
> 能否用库存现金支付职工的发明创造奖金20 000元？

（三）库存现金的收支管理

服务业企业在办理有关库存现金的收支业务时，应严格遵守以下规定。

（1）企业收入的现金在一般情况下必须于当天送存银行。当日不能及时送存的，应于次日送存银行，或者由开户银行确定送存时间。

（2）企业支付现金，可以从库存现金限额中支付，也可以从开户银行提取，但不得擅自"坐支现金"。

> ☞ **提示**
> "坐支"是指企业从业务收入的现金中直接支付。

> ☞ **知识链接**
> 企业因特殊情况需要坐支现金的，应当事先报经开户银行审核批准，由开户银行核定坐支范围和限额，被核准坐支的企业应定期向开户银行报送坐支金额和使用情况。

二、库存现金的核算

为核算库存现金的收入、支出及结存情况，服务业企业应设置"库存现金"账户对库存现金进行总分类核算。"库存现金"为资产类账户，其结构如表2-1所示。

表2-1 "库存现金"账户

借方	贷方
库存现金的增加数	库存现金的减少数
期末余额：库存现金的结存数额	

库存现金的账务处理如表2-2所示。

表2-2 库存现金的账务处理

具体经济业务	借方	贷方
收入库存现金	库存现金	有关科目
支出库存现金	有关科目	库存现金

【例2-1】某服务业企业从银行提现2 000元备用。这项经济业务应编制会计分录如下。

借：库存现金　　　　　　　　　　　　　　　　　　　　　　2 000
　　贷：银行存款　　　　　　　　　　　　　　　　　　　　　2 000

【例2-2】某服务业企业用现金500元购买办公用品。这项经济业务应编制会计分录如下。

借：管理费用　　　　　　　　　　　　　　　　　　　　　　　500
　　贷：库存现金　　　　　　　　　　　　　　　　　　　　　　500

项目二 货币资金

除了对库存现金进行总分类核算外，服务业企业还必须设置"库存现金日记账"，对库存现金进行序时核算。具体应按现金收支业务发生时间的先后顺序，依据收款和付款凭证逐笔进行登记。

☞ **提示**

有外币现金业务的服务业企业，应分别按人民币、各种外币设置库存现金日记账进行核算。

☞ **知识链接**

库存现金日记账要求逐日结出余额，以便与实存库存现金相核对，做到日清月结、账款相符。

每日终了，出纳人员必做事项如图2-3所示。

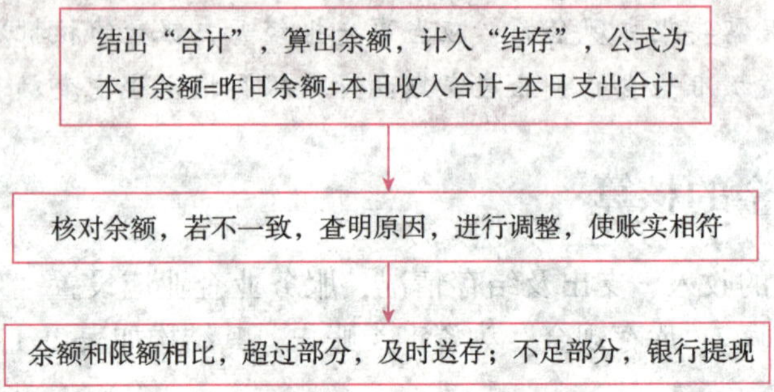

```
结出"合计"，算出余额，计入"结存"，公式为
本日余额=昨日余额+本日收入合计−本日支出合计
            ↓
核对余额，若不一致，查明原因，进行调整，使账实相符
            ↓
余额和限额相比，超过部分，及时送存；不足部分，银行提现
```

图2-3　出纳人员必做事项

☞ **想一想**

库存现金日记账登记的依据是什么？

三、库存现金的清查

为保证现金安全、完整，服务业企业应定期对库存现金进行清查。

☞ **知识链接**

库存现金的清查包括两层含义：一是出纳人员进行的日清月结；二是组织清查小组定期对现金的清查。

库存现金清查中如发现账面数和实存数不一致的，应及时查明原因，并进行相应的会计处理。服务业企业每日终了结算现金收支、财产清查等发现有待查明原因的现金短缺或溢余，为保持账款相符，应通过"待处理财产损溢"账户核算。

"待处理财产损溢"账户属于资产类账户，是一个双重性质的账户，用于核算服务业企业在财产清查过程中查明的各种财产物资的盘盈、盘亏或毁损数，其结构如表2-3所示。

任务二 认知库存现金

表2-3 "待处理财产损溢"账户

借方	贷方
待处理财产盘亏或毁损数 或结转待处理财产盘盈数	待处理财产盘盈数 或结转待处理财产盘亏或毁损数
借方余额：尚未处理的财产物资净损失	贷方余额：尚未处理的财产物资净溢余

库存现金清查的账务处理如表2-4所示。

表2-4 库存现金清查的账务处理

具体经济业务		借方	贷方
库存现金短缺	原因待查	待处理财产损溢	库存现金
	处理结果	其他应收款/管理费用	待处理财产损溢
库存现金溢余	原因待查	库存现金	待处理财产损溢
	处理结果	待处理财产损溢	其他应付款/营业外收入

> ☞ **知识链接**
>
> 清查结果的处理：
> （1）现金短缺：属于应由责任人或保险公司赔偿部分，计入"其他应收款"科目，属于无法查明的其他原因，计入"管理费用"科目。
> （2）现金溢余：属于应交还其他单位或个人的，计入"其他应付款"科目，属于无法查明的其他原因，计入"营业外收入"科目。

【例2-3】某服务业企业清查现金时，发现短款500元，短缺原因待查。应编制会计分录如下。

借：待处理财产损溢 500
　　贷：库存现金 500

【例2-4】短缺的现金500元已查明原因，为出纳小张保险柜未锁好被盗，现由出纳赔偿60%，其余由管理部门承担。应编制会计分录如下。

借：其他应收款——小张 300
　　管理费用 200
　　贷：待处理财产损溢 500

【例2-5】某服务业企业清查现金时，发现长款1 000元，溢余原因待查。应编制会计分录如下。

借：库存现金 1 000
　　贷：待处理财产损溢 1 000

【例2-6】溢余的现金1 000元已查明原因，为出纳小张支付工资时少付给李某800元，其余200元未能查明原因。应编制会计分录如下。

借：待处理财产损溢　　　　　　　　　　　　　　　　　1 000
　　贷：其他应付款——李某　　　　　　　　　　　　　　800
　　　　营业外收入　　　　　　　　　　　　　　　　　　200

四、备用金的核算

备用金又称为业务周转金，是指服务业企业为了满足内部各部门和职工个人生产经营活动需要，而暂付给有关部门和人员使用的备用金。备用金的管理包括定额管理和非定额管理。

（一）定额管理

定额管理是指财务部门对经常需要使用备用金的部门核定备用金定额，并按核定的定额拨付备用金，定额备用金使用后报销时，财务部门按照核准的报销金额付给现金，补足备用金。定额备用金的账务处理如表2-5所示。

表2-5　定额备用金的账务处理

具体经济业务	借方	贷方
按定额拨付备用金时	其他应收款——备用金	库存现金
使用备用金后，报销时	管理费用、销售费用等	库存现金
根据实际情况，撤销备用金制度时	库存现金	其他应收款——备用金

> **提示**
> 采用定额备用金制度时，除了增加和减少拨入的备用金外，使用或报销有关备用金支出不再通过"其他应收款——备用金"科目核算。

（二）非定额管理

非定额管理是指财务部门根据企业内部某部门或个人的实际需要，一次付给现金，使用后持有关原始凭证报销，报销时财务部门根据所付款项和应报销的金额进行结算，若有余款，全部收回；若不足，则补足差额。其具体账务处理如表2-6所示。

表2-6　非定额备用金的账务处理

具体经济业务		借方	贷方
按实际数额拨付备用金时		其他应收款——备用金（××）	库存现金
报销时	若有余款	管理费用、销售费用、库存现金	其他应收款——备用金（××）
	若不足	管理费用、销售费用	其他应收款——备用金（××）、库存现金

> **知识拓展**
> 备用金为服务业企业的货币资金，应视同现金进行管理。
> 服务业企业内部各部门周转使用备用金，应该在"其他应收款"账户核算，也可以单独设置"备用金"账户核算，不得在"库存现金"账户核算。

> **想一想**
> 备用金实行定额管理时,"其他应收款——备用金"科目的金额平时是否会发生变动?实行非定额管理时又如何?

任务三 认知银行存款

> **引导案例**
> 某服务业企业出纳员张某收到其客户单位签发的一张转账支票 3 050 元后,签发了一张金额为 3 050 元的现金支票,然后一并到银行办理银行存款进账业务和提取现金业务。
> 思考:出纳员张某的这种做法是否属于正常的经济业务范畴?为什么?

一、银行存款的管理

银行存款是服务业企业存入银行或其他金融机构的货币资金,包括人民币和外币存款等。

> **提示**
> 服务业企业必须按照现金管理和结算制度规定办理银行存款的收、付业务,加强银行存款的管理。

(一)银行存款的有关规定

根据国家有关规定,企业应根据业务的需要在当地银行或其他金融机构开立银行存款账户,进行存款、取款和各种收支转账业务的结算。具体规定如图 2-4 所示。

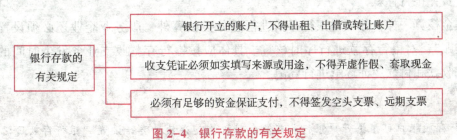

图 2-4 银行存款的有关规定

(二)银行存款收付日常管理的主要环节

服务业企业应根据经济业务的不同,选择相应票据,办理有关结算手续;审核每笔银行存款收、付款凭证,并在此基础上登记"银行存款日记账",做到日清月结。

> **提示**
> 为及时获取银行存款结存额的准确信息,应定期将银行存款与银行对账单核对。

二、银行存款的核算

为核算银行存款的收入、支出及结存情况,服务业企业应设置"银行存款"账户对银行存款进行总分类核算。"银行存款"为资产类账户,其结构如表2-7所示。

表2-7 "银行存款"账户结构

借方	贷方
银行存款的增加数	银行存款的减少数
期末余额:存放在银行或其他金融机构的货币资金结存数额	

银行存款的账务处理如表2-8所示。

表2-8 银行存款的账务处理

具体经济业务	借方	贷方
收入银行存款	银行存款	有关科目
支出银行存款	有关科目	银行存款

【例2-7】某服务业企业将现金收入20 000元存入银行。应编制会计分录如下。

借:银行存款 20 000
　　贷:库存现金 20 000

【例2-8】某服务业企业用银行存款8 000元偿还前欠A公司的材料款。应编制会计分录如下。

借:应付账款 8 000
　　贷:银行存款 8 000

与现金核算一样,除了对银行存款进行总分类核算外,服务业企业还必须设置"银行存款日记账",对银行存款进行序时核算。具体应按银行存款收支业务发生时间的先后顺序,依据收款和付款凭证逐笔进行登记。

☞ 提示

银行存款账户可根据开户银行和其他金融机构、存款种类等设置"银行存款日记账"。

☞ 知识链接

银行存款日记账要求逐日结出余额,以便与银行存款总分类账户相核对,做到账账相符;与银行对账单相核对,做到账实相符。

☞ 想一想

银行存款日记账登记的依据具体有哪些收款和付款凭证?

知识拓展

存在外币存款收支业务的服务业企业，其外币存款应按币种分别设置"银行存款日记账"，记录外币金额和折算为人民币的金额。外币在存入或支付中，由于汇率变动而出现的折算为人民币的差额，均通过"财务费用——汇兑损益"科目处理。

三、银行存款余额的调整

为了加强对银行存款收支的监督和控制，保证银行存款账目的正确无误，服务业企业的银行存款日记账应经常与银行对账单进行核对，每月应至少核对一次。

☞ 提示

为了完善企业内部控制制度，以防发生弊端，出纳人员不宜参与核对，而应另行制定专人负责进行核对。

在逐笔核对银行存款日记账和银行对账单的过程中，如果发现本单位记账错误，则应进行错账更正；如果发现银行转来的对账单有误，则应通知银行予以更正；如果企业或银行记账均无误，则可能存在未达账项。

☞ 知识链接

未达账项是指由于凭证的传递时间而造成的企业和银行之间的记账时间不一致，即出现一方已经登记入账，而另一方因凭证未达而未登记入账的款项。未达账项的4种具体情况，如图2-5所示。

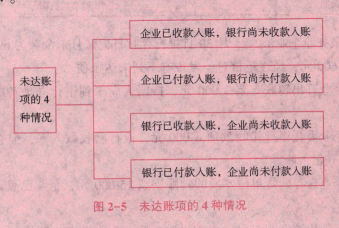

图2-5　未达账项的4种情况

若发现未达账项，则应根据调节公式（图2-6）编制"银行存款余额调节表"。"银行存款余额调节表"的格式如表2-9所示。

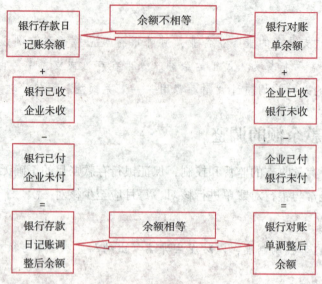

图 2-6 银行存款余额调节公式

表 2-9 "银行存款余额调节表"的格式

年 月 日

项目	金额	项目	金额
企业银行存款日记账余额		银行对账单余额	
加：银行已收，企业未收的账项		加：企业已收，银行未收的账项	
减：银行已付，企业未付的账项		减：企业已付，银行未付的账项	
调节后余额		调节后余额	

【例 2-9】 某服务业企业××年 4 月 30 日银行存款日记账月末余额为 691 600 元，银行对账单的余额为 681 600 元，经逐笔核对，发现有下列未达账项。

（1）26 日，企业开出转账支票 3 000 元，持票人尚未到银行办理转账，银行尚未登记入账。

（2）27 日，企业委托银行代收款项 4 000 元，银行已收款入账，但企业未接到银行的收款通知，因而未登记入账。

（3）29 日，企业送存购货单位签发的转账支票 15 000 元，企业已登记入账，银行尚未登记入账。

（4）30 日，银行代该企业支付水电费 2 000 元，企业尚未收到银行的付款通知，故未登记入账。

要求：根据以上内容，编制银行存款余额调节表。

解答：根据相关资料，编制银行存款余额调节表如表 2-10 所示。

表 2-10　银行存款余额调节表

××年 4 月 30 日　　　　　　　　　　　　　　　　　　　　　　　　　　　　单位：元

项目	金额	项目	金额
企业银行存款日记账余额	691 600	银行对账单余额	681 600
加：银行已收，企业未收的账项	4 000	加：企业已收，银行未付的账项	15 000
减：银行已付，企业未付的账项	2 000	减：企业已付，银行未付的账项	3 000
调节后余额	693 600	调节后余额	693 600

☞ **想一想**

1. 能否由出纳编制"银行存款余额调节表"？
2. 银行存款余额调节后，余额相等，是否意味着银行存款记录无误？

任务四　认知其他货币资金

引导案例

某服务业企业会计小黄，为简化会计核算工作，在企业申请签发银行汇票，办妥手续并取得银行汇票时，将申请书回单联放入凭证筐中，不做账务处理，待用银行汇票支付货款 30 000 元（不含税）时，直接进行如下账务处理。

借：原材料　　　　　　　　　　　　　　　　　　　　　　　30 000
　　应交税费——应交增值税（进项税额）　　　　　　　　　 3 900
　　贷：银行存款　　　　　　　　　　　　　　　　　　　　　33 900

思考：该企业会计小黄的做法对吗？若不对，则指出不妥之处。

一、其他货币资金的内容

其他货币资金的内容如图 2-7 所示。

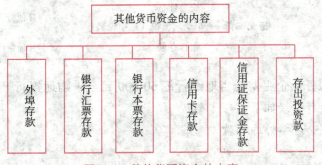

图 2-7　其他货币资金的内容

☞ **知识链接**

（1）外埠存款是指服务业企业到外地进行临时或零星采购时，汇往采购地银行开立采购专户的款项。

（2）银行汇票存款是指企业为取得银行汇票，按照规定存入银行的款项。

（3）银行本票存款是指企业为取得银行本票，按照规定存入银行的款项。

（4）信用卡存款是指企业为取得信用卡而存入银行信用卡专户的款项。

（5）信用证保证金存款是指采用信用证结算方式的企业为开具信用证而存入银行信用证保证金专户的款项。

（6）存出投资款是指企业已存入证券公司但尚未进行短期投资的现金。

☞ **想一想**

其他货币资金和银行存款有什么区别？

二、其他货币资金的核算

为核算各种其他货币资金，服务业企业需设置"其他货币资金"账户，其为资产类账户，其结构如表2-11所示。

表2-11 "其他货币资金"账户

借方	贷方
其他货币资金的增加数	其他货币资金的减少数
期末余额：持有的其他货币资金余额	

☞ **提示**

服务业企业可按其内容设置"外埠存款""银行汇票存款""银行本票存款""信用卡存款""信用证保证金存款"和"存出投资款"等明细账户。

其他货币资金的账务处理如表2-12所示。

表2-12 其他货币资金的账务处理

具体经济业务	借方	贷方
形成时	其他货币资金——××存款	银行存款
使用时	原材料、交易性金融资产等 应交税费——应交增值税（进项税额）	其他货币资金——××存款
多余款退回时	银行存款	其他货币资金——××存款

【例2-10】某服务业企业委托当地银行汇60 000元至采购地银行开立专户，根据汇出款项凭证，应编制会计分录如下。

借：其他货币资金——外埠存款　　　　　　　　　　　　　　60 000

　　贷：银行存款　　　　　　　　　　　　　　　　　　　　　　60 000

该企业收到外出采购员交来的增值税专用发票等报销凭证，列明材料款 40 000 元，增值税税额 5 200 元，材料已验收入库，应编制会计分录如下。

借：原材料　　　　　　　　　　　　　　　　　　　　　　40 000
　　应交税费——应交增值税（进项税额）　　　　　　　　 5 200
　　贷：其他货币资金——外埠存款　　　　　　　　　　　　　　　45 200

采购员完成采购任务，将多余外埠存款 14 800 元转回当地银行，根据银行的收款通知，核销"其他货币资金——外埠存款"账户，应编制会计分录如下。

借：银行存款　　　　　　　　　　　　　　　　　　　　　14 800
　　贷：其他货币资金——外埠存款　　　　　　　　　　　　　　　14 800

【例 2-11】某服务业企业在证券公司开立投资专户，并划入资金 30 000 元，根据汇出款项凭证，应编制会计分录如下。

借：其他货币资金——存出投资款　　　　　　　　　　　　30 000
　　贷：银行存款　　　　　　　　　　　　　　　　　　　　　　　30 000

该企业用投资专户资金 28 000 元购买某公司股票，作为交易性金融资产管理，假设不考虑其他交易事项，应编制会计分录如下。

借：交易性金融资产　　　　　　　　　　　　　　　　　　28 000
　　贷：其他货币资金——存出投资款　　　　　　　　　　　　　　28 000

完成投资事项后，将多余存出投资款转回，应编制会计分录如下。

借：银行存款　　　　　　　　　　　　　　　　　　　　　 2 000
　　贷：其他货币资金——存出投资款　　　　　　　　　　　　　　 2 000

项目三

存 货

知识目标

- 了解存货的含义及分类。
- 掌握存货入账价值的确定。
- 掌握发出存货的核算。
- 理解存货的期末计价。
- 了解存货盘存和清查的方法。

技能目标

- 能对存货进行合理分类。
- 能计算存货的入账价值、发出存货价值及期末存货价值。
- 能规范地编制存货相关会计分录。
- 能运用存货相关知识分析案例。

任务一 认知存货

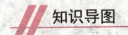知识导图

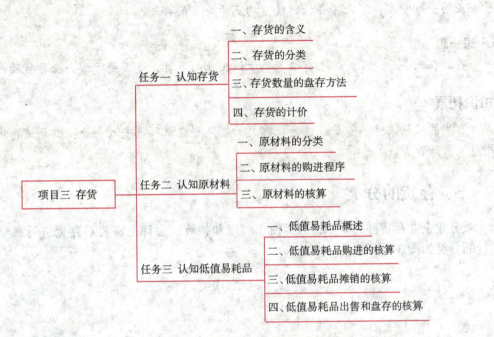

任务一 认知存货

引导案例

小李是一名在校大学生,某日阅读期刊时,看到文中提到"存货",由于尚未学习相关知识,因此他认为存货应该是指企业存放在仓库中的各种待售的货物。

思考:小李的想法对吗?会计学所说的存货是什么?

一、存货的含义

存货是指服务业企业在日常活动中持有以备出售的产品、处在生产过程中的在产品、在生产过程或提供劳务的过程中耗用的材料和物料等。

> ☞ **提示**
> 存货是服务业企业流动资产的重要组成部分,其在企业的生产经营活动过程中,不断被销售、耗用和重置,具有鲜明的流动性。

存货是服务业企业从事生产经营活动的重要物质条件,是为企业带来经济利益的重要经济资源。为了加强存货的核算与管理,必须明确存货的范围。

☞ 知识链接

企业存货范围是以所有权为标准来确定的,即凡是在法定盘存日期内,法定所有权属于企业的一切货品,不论其存放何处,均属于企业的存货。

☞ 想一想

存放在服务业企业,但所有权不属于该企业的存货,是否属于该企业存货的范围?

知识拓展

存货的确认条件:一是与该存货有关的经济利益很可能流入企业;二是该存货的成本能够可靠地计量。

二、存货的分类

服务业企业存货种类繁多,为了便于管理和核算,会计上需要对存货进行科学的分类。存货的分类如图3-1所示。

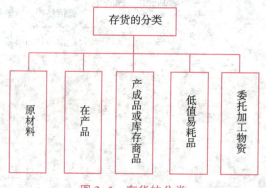

图3-1 存货的分类

☞ 知识链接

(1)原材料是指服务业企业用于生产产品而购入的各种材料。

(2)在产品是指服务业企业正在进行加工的、尚不能对外销售的产品。

(3)产成品或库存商品是指服务业企业已经完成全部生产过程及外购或委托加工完成验收入库,可以对外销售的产品。

(4)低值易耗品是指服务业企业购入的使用期限较短的,或者单位价值较低的,能多次使用而不改变其原有实物形态的各种用具和用品。

(5)委托加工物资是指企业委托外单位加工的材料和商品。

☞ 想一想

酒店的客房部门的床单、毛毯等属于存货五大类中的哪一类?餐饮部加工完成的饮食制品呢?

三、存货数量的盘存方法

服务业企业确定存货实物数量的方法有实地盘存制和永续盘存制两种。

（一）实地盘存制

实地盘存制是指平时根据会计凭证在有关账簿中只登记存货的增加数，不登记减少数，会计期末通过对存货进行实地盘点，将盘点的实存数作为账面结存数，然后倒扎出本期发出数，继而计算本期已销售或已耗用存货成本的一种存货核算方法。

> **知识链接**
>
> 实地盘存制计算公式为：
> 本期发出存货数量=期初存货结存数量+本期增加存货数量-期末实际结存数量
> 本期发出存货的成本=期初存货结存金额+本期增加存货金额-期末存货结存金额
> 期末存货结存金额=期末存货结存数量×单价

（二）永续盘存制

永续盘存制又称为账面盘存制，是指通过设置存货明细账，对日常发生的存货增加或减少，都必须根据会计凭证在账簿中进行连续登记，并随时在账面上结算各项存货的结存数。

> **知识链接**
>
> 永续盘存制计算公式为：
> 期末存货结存数量=期初存货结存数量+本期增加存货数量-本期发出存货数量
> 期末存货结存金额=期初存货结存金额+本期增加存货金额-本期发出存货金额

（三）两种盘存制度的优缺点

实地盘存制简化了存货的日常核算工作，但期末工作量大，且不能随时反映存货收入、发出和结存的情况；只能到期末盘点时结转耗用或销货成本，而不能随时结转成本；容易掩盖存货管理中存在的自然和人为的损失，削弱了对存货的控制。

永续盘存制可以随时反映每种存货收入、发出和结存的动态；将实际盘存数与账存数相核对，可以查明溢余或短缺的原因；通过账簿记录还可以随时反映出存货是否过多或不足。但存货明细账记录的工作量较大。

实地盘存制和永续盘存制各有其优缺点，服务业企业可根据存货类别和管理要求，对部分存货实行永续盘存制，对另一部分存货实行实地盘存制。但不论采用何种方法，前后各期应保持一致。

> **想一想**
>
> 对于那些数量多、价值低、收发频繁的存货，应采用哪种盘存制度？

四、存货的计价

存货的计价包括取得存货的计价、发出存货的计价和期末存货的计价。

（一）取得存货的计价

根据会计准则规定，服务业企业取得存货应当以其成本入账。而存货成本构成及取得途径如图3-2和图3-3所示。

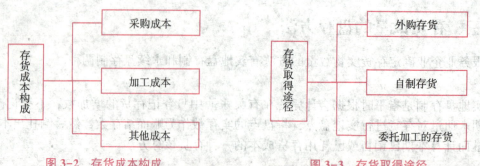

图 3-2 存货成本构成　　　　　　　　图 3-3 存货取得途径

1. 外购存货的成本

服务业企业外购存货应以采购过程中实际发生的成本计价,其实际成本应由购买价款、相关税费和采购费用3部分构成。

(1) 购买价款是指服务业企业购入存货的发票账单上列明的价款。

> ☞ 知识链接
> 存货的购买价款不包括按规定可以抵扣的增值税额。
> 有进货折扣和折让的,都应在买价中扣除。

(2) 相关税费是指服务业企业购买存货发生的进口关税、消费税、资源税和不能抵扣的增值税进项税额等应计入存货采购成本的税费。

(3) 采购费用主要包括运杂费、运输途中的合理损耗和入库前的挑选整理费用。

> ☞ 知识链接
> 运杂费是指为采购存货而发生的运输费、装卸费、包装费、仓储费、保险费等。
> 运输途中的合理损耗是指购入存货在运输途中发生的定额范围内的损耗。

> ☞ 提示
> 市内零星运杂费、采购人员的差旅费和采购机构的经费,以及供应部门或仓库的经费等,一般不包括在存货成本之内。

> ☞ 想一想
> 超过定额范围的不合理损耗应如何计量?

2. 自制存货的成本

自制存货的成本由采购成本、加工成本构成。

> ☞ 提示
> 服务业企业自制的存货主要包括在产品、半成品和产成品。

> ☞ 知识链接
> (1) 采购成本是由所使用或消耗的原材料采购成本转移而来的。
> (2) 加工成本由直接人工费用和制造费用构成,其实质是企业在进一步加工存货的过程中追加发生的生产成本。

☞ **想一想**
服务业企业自制存货的加工成本是否包含直接材料存货转移来的价值？

3. 委托加工的存货成本

委托外单位加工存货的实际成本包括耗用的原材料或半成品的实际成本、支付的加工费用和往返的运杂费等。

（二）发出存货的计价

存货的计价方法是指发出存货和每次发出后的期末存货之间成本的分配方法，即发出存货和期末存货价值的计价方法。

发出存货的计价方法如图3-4所示。

图3-4 发出存货的计价方法

1. 个别计价法

个别计价法是在发出存货时按所发存货购入时的单价计价。其计算公式为：

发出存货的成本=发出存货的数量×该批存货购入时的单价

☞ **提示**
采用个别计价法，要求对每件或每批购进的存货分别存放，并标明单价。

☞ **知识链接**
采用个别计价法能及时结转发出存货的成本，均衡核算工作，但在一次发出包括几批不同单价的存货时，核算工作也较为复杂。

☞ **想一想**
个别计价法适用于核算哪种类型的存货的发出成本？

2. 先进先出法

先进先出法是指以先入库的存货先发出为假定前提，对发出存货按当期最先入库的那批存货的实际单位成本进行计价，领发完毕后，再按第二批入库存货的单价计算，以此类推。

☞ **提示**
采用先进先出法，要求能分清所入库的每批存货的数量和单位成本。

项目三 存 货

☞ **知识链接**

采用先进先出法，可以在发出存货时就进行计价，并及时登记发出存货的金额，有利于均衡核算工作。但在存货收发业务频繁，特别是发出存货属于两批甚至多批购入的存货时，核算工作较烦琐。

知识拓展

在物价持续上涨的情况下，对发出存货采用先进先出法核算，会使得发出存货的价值偏低，而结存存货的价值比较接近实际。在物价持续下跌的情况下，结果则相反。

3. 一次加权平均法

一次加权平均法是指在一个计算期内综合计算存货的加权平均单价，再乘以发出存货的数量，从而计算发出存货成本的方法。其计算公式为：

$$发出存货加权平均单价 = \frac{期初结存存货金额 + 本期购入存货金额}{期初结存存货数量 + 本期购入存货数量}$$

$$发出存货成本 = 发出存货数量 \times 发出存货加权平均单价$$

☞ **知识链接**

采用一次加权平均法计算发出存货的成本，计算的工作量较小，但计算成本工作必须在月末进行，工作量较为集中。

这种方法一般适用于前后单价相差幅度较大，且在月末结转其发出成本的存货。

☞ **想一想**

采用一次加权平均法，平时账面能否反映存货的发出金额和结存金额？

4. 移动加权平均法

移动加权平均法是以各批次存货购入的数量金额和各批次购入前结存的数量和金额为基础，计算出平均单价，进而计算发出存货成本的方法。其计算公式为：

$$发出存货移动加权平均单价 = \frac{本批购入前结存存货金额 + 本批购入存货金额}{本批购入前结存存货数量 + 本批购入存货数量}$$

$$发出存货成本 = 发出存货数量 \times 发出存货移动加权平均单价$$

☞ **知识链接**

采用移动加权平均法，可在发出存货时就对发出的存货计价，并登记明细账上发出存货的金额，可均衡核算工作。但在存货收入次数较多的情况下，要经常计算移动加权平均单价，核算工作量较大。

☞ **想一想**

在移动加权平均法下，是否购入存货的单价变动一次，就要计算一次加权平均单价？

（三）期末存货的计价

按会计准则规定，服务业企业的存货应当在期末时按成本与可变现净值孰低法（见

图 3-5）计量。

☞ **提示**

（1）成本是指存货的历史成本，即各存货账户的期末账面价值。

（2）可变现净值是指在日常活动中，存货的估计售价减去至完工时估计将要发生的成本、估计的销售费用及相关税费后的金额。

图 3-5　成本与可变现净值孰低法

☞ **知识链接**

企业应当在期末对存货进行全面清查，如果由于存货毁损、全部或部分陈旧过时或销售价格低于成本等原因，那么存货的可变现净值低于成本的，应按成本高于可变现净值部分，计提存货跌价准备。

知识拓展

成本与可变现净值孰低法的应用步骤：

（1）及时取得有关存货物价变动的信息，并计算出期末存货的可变现净值。

（2）将存货的可变现净值与其历史成本相比较，择其低者作为期末存货的计价依据。

（3）企业对期末存货按可变现净值进行调整时，应采用备抵法，即对存货的可变现净值低于其成本的减值损失，不直接减少"存货"科目，而是在确认存货减值损失的同时，设置"存货跌价准备"科目进行反映。

（4）如果已计提存货跌价准备的存货的价值以后又得以恢复，那么应按恢复的数额冲减已计提的跌价准备金额，但不得超过存货的历史成本。

任务二　认知原材料

引导案例

某国际饭店制定了一系列存货管理的内部控制制度，其中要求材料采购必须严格遵守物资入库程序，但其采购的鲜活食材，到货时常常由餐饮部门直接验收领用。

思考：该饭店餐饮部门直接领用鲜活食材的行为是否违反了物资入库程序？

一、原材料的分类

服务业企业原材料的品种规格繁多，按其在生产或经营过程中的作用不同可以分为不同的种类。原材料的分类如图3-6所示。

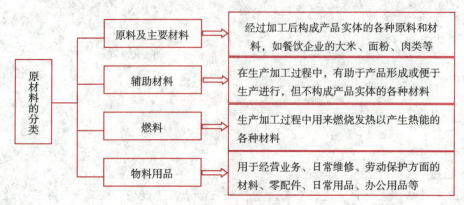

图3-6　原材料的分类

二、原材料的购进程序

服务业企业购进原材料通常有两种方法：一种是以使用部门（厨房、生产加工车间等）填制的"原材料申购单"为依据，采购员购进材料后，将原材料连同进货发票直接交给使用部门验收，由相关验收员验收签字后，由采购员转交财会部门入账，如图3-7所示；另一种是由仓库保管员按定额管理要求填制"原材料申购单"，采购员购进材料后，将原材料连同进货发票交仓储部门验收，由仓管人员填写"入库单"连同进货发票一并交财会部门入账如图3-8所示。

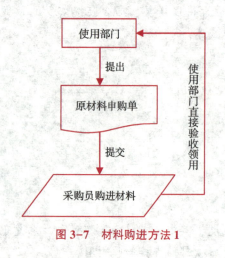

图3-7　材料购进方法1

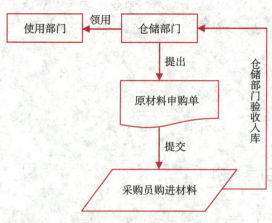

图3-8　材料购进方法2

三、原材料的核算

(一) 原材料购进的核算

为了总括反映服务业企业库存和在途的各种原材料的实际成本,应设置"在途物资"账户和"原材料"账户,且均为资产类账户,其结构如表3-1和表3-2所示。

表3-1 "在途物资"账户

借方	贷方
尚未入库或在途材料的买价和采购费用等	结转验收入库材料的实际采购成本
期末余额:在途或尚未验收入库的材料成本	

表3-2 "原材料"账户

借方	贷方
验收入库材料实际成本的增加	库存材料实际成本的减少
期末余额:库存材料的实际成本	

企业财会部门收到购货发票等原始凭证,支付原材料价款和采购费用时,借记"在途物资",贷记"银行存款";原材料验收入库时,借记"原材料",贷记"在途物资"。若购进材料取得增值税专用发票,则涉及的增值税不再计入原材料成本,而应按可抵扣金额借记"应交税费——应交增值税(进项税额)"科目。

【例3-1】6月15日,香城饭店购入海鲜干200千克,单价300元/千克,取得增值税专用发票,列明价款60 000元,增值税税额7 800元,款项已通过转账支票支付,但该海鲜干尚未运达,应编制会计分录如下。

借:在途物资——干货类　　　　　　　　　　　　　　60 000
　　应交税费——应交增值税(进项税额)　　　　　　 7 800
　　贷:银行存款　　　　　　　　　　　　　　　　　　　　　67 800

【例3-2】6月17日,购买的海鲜干已运到,由仓库管理人员验收入库,根据仓管员送来的入库单,审核无误后,应编制会计分录如下。

借:原材料——干货类　　　　　　　　　　　　　　　60 000
　　贷:在途物资——干货类　　　　　　　　　　　　　　　60 000

【例3-3】6月20日,香城饭店向甲公司购入大米取得普通发票,列明大米5000千克,每千克2元,金额10 000元,货款尚未支付,大米已验收入库,应编制会计分录如下。

借:原材料——粮食类　　　　　　　　　　　　　　　10 000
　　贷:应付账款——甲公司　　　　　　　　　　　　　　　10 000

其中,"应付账款"账户为负债类账户,其结构如表3-3所示。

表3-3 "应付账款"账户

借方	贷方
偿还前欠供应单位的款项	应付供应单位款项的增加
	期末余额:尚欠供应单位的款项

购入原材料直接交由使用部门耗用的,则不通过"在途物资""原材料"科目核算,而直接借记"主营业务成本"科目,贷记有关科目。

【例3-4】6月28日,香城饭店购入鲜虾取得普通发票,列明鲜虾20千克,单价30元/千克,金额600元,以现金支付,鲜虾已由厨房直接验收领用,做会计分录如下。

借:主营业务成本——餐饮部　　　　　　　　　　　　　　　　600
　　贷:库存现金　　　　　　　　　　　　　　　　　　　　　　600

☞ 想一想

若例3-3和例3-4对应采购业务取得增值税专用发票,则会计分录有什么变化?

原材料购进业务涉及的会计科目如表3-4所示。

表3-4　原材料购进业务涉及的会计科目

判断依据	涉及的会计科目	
	是	否
材料是否已入库	原材料	在途物资
是否直接由使用部门验收耗用	主营业务成本	在途物资/原材料
是否取得增值税专用发票	应交税费——应交增值税(进项税额)	进项税额不允许抵扣
款项是否已支付	银行存款、预付账款等	应付账款/应付票据

(二)原材料发出的核算

当各生产部门(厨房、加工车间)需要领用原材料时,应由领料人员根据生产需要填制"领料单",列明领用材料的名称、规格、数量、用途等信息,由领料部门主管审核签章,领料人员凭审核后的"领料单"向仓库领料,仓库在审核无误后据以发料。财会部门根据仓库交来的"领料单",审核无误后据以记账。

☞ 提示

如果"领料单"数量较多,那么也可以由仓库定期汇总并编制"领料单汇总表",交财会部门入账。

☞ 知识链接

领用的原材料直接用于生产的,借记"主营业务成本"科目,贷记"原材料"科目。

【例3-5】6月29日,香城饭店厨房领用海鲜干10千克,单价300元/千克,金额3 000元,做会计分录如下。

借:主营业务成本——餐饮部　　　　　　　　　　　　　　　3 000
　　贷:原材料——干货类　　　　　　　　　　　　　　　　　3 000

(三)原材料存储的核算

由于自然条件或人为原因,原材料在储存过程中可能会出现数量上的短缺或溢余,因此,服务业企业必须建立和健全存货库存管理的各项规章制度,并采取必要的财产清查措施。

任务二 认知原材料

> **提示**
> 财产清查是提高存货存储质量的必要手段,主要方法是进行定期盘点和不定期盘点。

> **知识链接**
> 服务业企业发生原材料盘盈、盘亏或毁损时,应由仓库保管员填写"原材料盘点短缺(溢余)报告单"报告有关部门,在查明原因前,财会部门据以将原材料的短缺或溢余金额计入"待处理财产损溢"科目,以做到账实相符。待查明原因后,再区别不同情况,转入有关科目。

【例3-6】香城饭店6月30日的原材料盘点短缺(溢余)报告单如表3-5所示。

表3-5 原材料盘点短缺(溢余)报告单

××年6月30日

品名	单价(元)	账存数(千克)	实存数(千克)	短缺		溢余		原因
				数量(千克)	金额(元)	数量(千克)	金额(元)	
大米	2	3 000	2 950	50	100			待查
海鲜干	300	150	151			1	300	

(1)财会部门审核无误后,先将账存数调整至实存数。
①根据短缺金额,应编制会计分录如下。
借:待处理财产损溢——待处理流动资产损溢　　　　　　　　　　100
　　贷:原材料——粮食类　　　　　　　　　　　　　　　　　　　100
②根据溢余金额,应编制会计分录如下。
借:原材料——干货类　　　　　　　　　　　　　　　　　　　　300
　　贷:待处理财产损溢——待处理流动资产损溢　　　　　　　　　300
(2)查明原因后的账务处理。
①现查明短缺的大米为计量误差导致,经批准作为管理费用处理,应编制会计分录如下。
借:管理费用　　　　　　　　　　　　　　　　　　　　　　　　100
　　贷:待处理财产损溢——待处理流动资产损溢　　　　　　　　　100
②现查明溢余的海鲜干为自然溢升,经批准作为营业外收入,应编制会计分录如下。
借:待处理财产损溢——待处理流动资产损溢　　　　　　　　　　300
　　贷:营业外收入——盘盈利得　　　　　　　　　　　　　　　　300

> **想一想**
> 若短缺的原因是保管人员的责任,则要其负责赔偿时,应将金额转入哪个会计科目?

知识拓展

物料用品的核算可细分为两个部分:凡属一次性用品的,如饭店宾馆客房用的牙膏、肥皂、卫生纸等价值较小的物料用品,在"原材料——物料用品"科目中核算;凡属多次性用品的，如消毒用品、地板蜡等价值较高的物料用品，在"低值易耗品——物料用品"科目核算。

任务三　认知低值易耗品

引导案例

某酒店新购入一批餐饮用的玻璃器皿，价值 2 000 元，酒店的会计人员在器皿验收入库并拿到发票后，将该批玻璃器皿的成本一次性计入当月餐饮部门的销售费用科目。

思考：酒店会计人员的这种处理方法有无问题？如有问题，应如何改正？

一、低值易耗品概述

服务业企业进行业务经营活动，必然要配备一定数量的劳动资料。劳动资料按其与经营业务的关系、价值大小及使用年限的长短，可分为低值易耗品和固定资产。

低值易耗品是指不能作为固定资产核算的各种劳动资料，如柜台、货架、家具、管理用具、玻璃器皿，以及在经营过程中周转使用的包装容器等。低值易耗品的特点如图 3-9 所示。

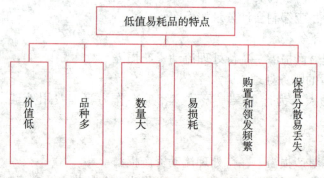

图 3-9　低值易耗品的特点

知识链接

鉴于低值易耗品的特点，服务业企业要加强对低值易耗品的核算和管理，应根据其使用时间的长短和流动性大小等情况，建立和健全必要的收、发手续和保管制度。

二、低值易耗品购进的核算

为了核算低值易耗品价值的增减变化及其结存情况，服务业企业应设置"低值易耗品"账户。该账户属于资产类账户，其结构如表 3-6 所示。

表 3-6 "低值易耗品"账户

借方	贷方
购进、自制、盘盈或其他原因增加的低值易耗品	领用、摊销、报废、出售或其他原因减少的低值易耗品
期末余额：低值易耗品的实存数	

☞ 提示

服务业企业采购低值易耗品的核算方法与原材料相同，故不再重述。下面主要介绍低值易耗品的摊销、报废和盘存的核算。

三、低值易耗品摊销的核算

低值易耗品被领用后，在使用过程中不断损耗，其价值也逐渐减少，减少的那部分价值应作为服务业企业的期间费用，具体列支应区别领用的部门。低值易耗品的摊销如图 3-10 所示。

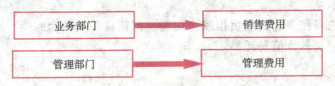

图 3-10 低值易耗品的摊销

（一）低值易耗品摊销的方法

服务业企业可以根据低值易耗品的特点及管理的要求选用，不同的摊销方法主要有以下两种。

1. 一次摊销法

一次摊销法是指低值易耗品在领用时全额予以摊销的方法。

采用一次摊销法，核算手续简便，但企业费用负担不均衡，且其在账面上已注销了低值易耗品的价值，形成账面无价财产，因此，企业对这部分财产应加强管理，防止财产散失。这种方法适用于价值低、使用期限短及一次领用不多的低值易耗品。

2. 分期摊销法

分期摊销法是指将领用的低值易耗品分期摊入费用的方法。

☞ 提示

分期摊销的期限不得超过 12 个月，但可以跨年。

（二）低值易耗品摊销的账务处理

低值易耗品摊销的具体账务处理如表 3-7 所示。

表 3-7 低值易耗品摊销的具体账务处理

具体经济业务		借方	贷方
一次摊销法，领用时		销售费用、管理费用等	低值易耗品
分期摊销法	领用时	预付账款	低值易耗品
	分期摊入有关成本时	销售费用、管理费用等	预付账款

项目三 存 货

【例3-7】香城饭店餐厅和行政管理部门于××年7月7日领用玻璃杯6打,每打120元,其中餐厅领用5打,行政管理部门领用1打,采用一次摊销法摊销其价值。应编制会计分录如下。

借：销售费用——低值易耗品摊销　　　　　　　　　　　　600
　　管理费用——低值易耗品摊销　　　　　　　　　　　　120
　　贷：低值易耗品　　　　　　　　　　　　　　　　　　　　　720

【例3-8】香城饭店财务部门于7月10日领用计算器8只,每只150元,采用分期摊销法,自本月起分6个月摊销。

领用时,应编制会计分录如下。

借：预付账款　　　　　　　　　　　　　　　　　　　　1 200
　　贷：低值易耗品　　　　　　　　　　　　　　　　　　　　1 200

每月摊销时,应编制会计分录如下。

借：管理费用　　　　　　　　　　　　　　　　　　　　　200
　　贷：预付账款　　　　　　　　　　　　　　　　　　　　　200

采用分期摊销法可使企业费用负担较为均衡,但核算手续较为麻烦。这种方法适用于单价较高、使用期限较长的低值易耗品。

知识拓展

（1）服务业企业可根据实际情况选用低值易耗品的摊销方法,但不论采用哪种方法,在购进低值易耗品时,都应全额计入"低值易耗品"科目,领用时再按选定的方法进行摊销。

（2）在用低值易耗品及使用部门退回仓库的低值易耗品应加强实物管理,并在备查账上进行登记。

☞想一想

分述一次摊销法和分期摊销法的优缺点和适用性。

四、低值易耗品出售和盘存的核算

（一）低值易耗品出售的核算

服务业企业为了充分发挥低值易耗品的使用效能,可将不需用的低值易耗品出售。由于摊销方法不同,因此低值易耗品出售的账务处理也不同,具体如表3-8所示。

表3-8 低值易耗品出售的账务处理

具体经济业务		借方	贷方
若出售的低值易耗品已无账面价值		库存现金、银行存款等	销售费用、管理费用等
采用分期摊销法,且其价值尚未摊销完毕	售价大于账面价值	库存现金、银行存款等	销售费用、管理费用、预付账款
	售价小于账面价值	库存现金、银行存款、销售费用、管理费用等	预付账款

☞ **知识链接**

若采用分期摊销法,且出售的低值易耗品尚未摊销完毕,则根据其售价与账面价值之间的差额借记或贷记"管理费用"或"销售费用"科目。

【例3-9】某酒店客房部出售旧桌子20张,售价100元/张,款项收到。该批桌子原价300元/张,采用分期摊销法共已摊销5 000元。做会计分录如下。

借:银行存款　　　　　　　　　　　　　　　　　　　　　　　　　2 000
　　贷:销售费用　　　　　　　　　　　　　　　　　　　　　　　　1 000
　　　　预付账款　　　　　　　　　　　　　　　　　　　　　　　　1 000

(二) 低值易耗品盘存的核算

服务业企业如果发生低值易耗品的盘亏或盘盈,则应及时入账,使账实相符,同时查明原因,报有关部门批准后处理。其具体账务处理如表3-9所示。

表3-9　低值易耗品盘存的账务处理

具体经济业务		借方	贷方
盘亏	发现盘亏时	待处理财产损溢	低值易耗品
	待查明原因后	管理费用、其他应收款等	待处理财产损溢
盘盈	发现盘盈时	低值易耗品	待处理财产损溢
	待查明原因后	待处理财产损溢	营业外收入、管理费用等

☞ **想一想**

如果出售全新的不需用低值易耗品,则应如何进行会计处理?

项目四

固定资产和无形资产

知识目标

- 了解固定资产和无形资产的概念、特征、计量及分类方法。
- 掌握固定资产折旧的概念及折旧的计提方法。
- 掌握固定资产增加、减少的会计核算。
- 掌握无形资产的摊销及会计核算。

技能目标

- 能运用不同折旧方法计算固定资产的折旧额。
- 能够规范地编制固定资产与无形资产相关会计分录。
- 能运用相关知识分析案例。

知识导图

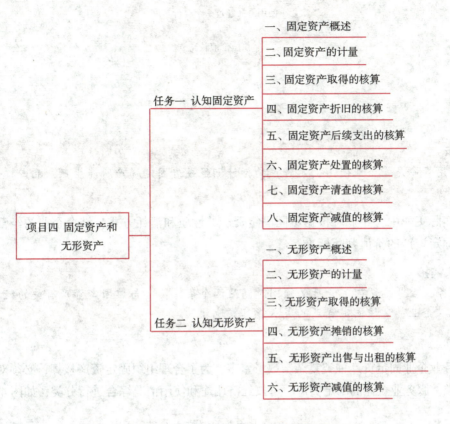

任务一 认知固定资产

引导案例

A饭店向B机械制造厂采购了5台厨房设备,该设备成本15 000元/台,买价22 000元/台,增值税税率为13%,A饭店开出转账支票结算款项。

思考:1. 应如何编制B机械制造厂销售厨房设备的会计分录?
2. 该设备对于A饭店应作为什么资产进行管理?

一、固定资产概述

(一)固定资产的概念

服务业企业的固定资产是指同时具备图4-1中特征的有形资产。

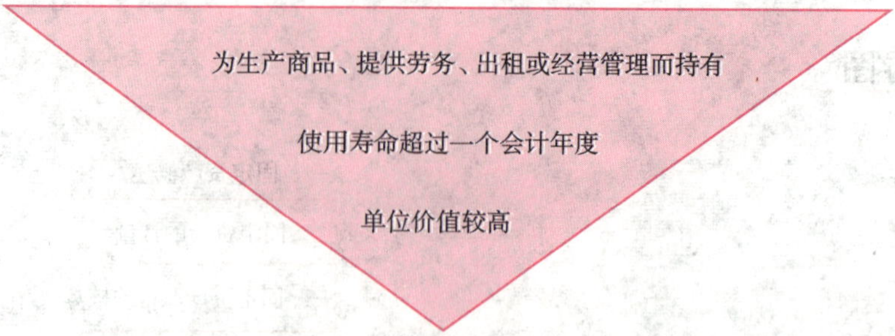

为生产商品、提供劳务、出租或经营管理而持有

使用寿命超过一个会计年度

单位价值较高

图 4-1　固定资产的特征

☞ **提示**

使用寿命是指企业使用固定资产的预计期限或者固定资产所能生产产品或提供劳务的数量。

在实际工作中，企业可根据不同固定资产的性质和消耗方式，结合企业的经营特点，具体确定固定资产的价值判断标准。

☞ **知识链接**

服务业企业确认固定资产必须同时满足两个条件：①与该固定资产有关的经济利益很可能流入企业；②该固定资产的成本能可靠地计量。

（二）固定资产的分类

服务业企业固定资产种类复杂，数量繁多，为了合理组织固定资产核算，必须对固定资产进行分类。服务业企业的固定资产，可按经济用途和使用情况综合进行分类，如图 4-2 所示。

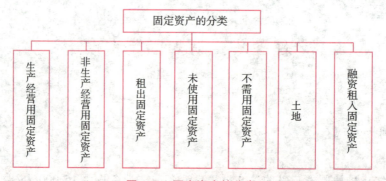

图 4-2　固定资产的分类

☞ **知识链接**

（1）生产经营用固定资产是指服务于企业生产经营过程的固定资产，如生产经营用的房屋、仓库、生产经营设备、运输工具和办公设备等。

（2）非生产经营用固定资产是指不直接服务于生产经营过程的固定资产，如用于职工物质文化生活上需要的食堂、医务室、职工宿舍、托儿所等。

（3）租出固定资产是指企业出租给外单位的固定资产。

（4）未使用固定资产是指已完工或已购建的尚未交付使用的固定资产和因进行改建、

扩建等原因停止使用的固定资产，它不包括由于季节性或进行大修理等原因而暂时停止使用的固定资产。

（5）不需用固定资产是指本企业多余或不适用需要调配处理的固定资产。

（6）土地是指企业已经估价单独入账的土地。

（7）融资租入固定资产是指企业采取融资租赁方式租入的固定资产。

☞ 想一想

试对以下几种固定资产进行分类。
（1）外购待安装的固定资产。
（2）正在大修理的固定资产。
（3）已经损毁报废的固定资产。
（4）正在车间从事生产的机器设备。
（5）因季节性施工而暂时停用的固定资产。
（6）陈旧过时且无法改造的设备。

二、固定资产的计量

固定资产的计量标准如图4-3所示。

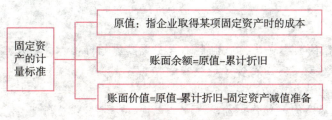

图4-3　固定资产的计量标准

服务业企业的固定资产在取得时，应按取得时的成本入账，作为固定资产的账面原值。

☞ 知识链接

固定资产取得时的成本，包括购买价款、进口关税、运输费和保险等相关费用，以及为使固定资产达到预定可使用状态前所发生的必要支出。

固定资产的取得途径如图4-4所示。

图4-4　固定资产的取得途径

☞ **知识链接**

取得固定资产的原值构成：

(1) 外购的固定资产按购买价款、相关税费、使固定资产达到预定可使用状态前所发生的可归属于该项资产的运输费、装卸费、安装费和专业人员服务费等计量。

(2) 自行建造的固定资产按照建造该项资产达到预定可使用状态前所发生的必要支出计量。

(3) 投资者投入的固定资产按照投资合同或协议约定的价值计量，但合同或协议约定的价值不公允的除外。

(4) 融资租入的固定资产按租赁开始日租赁资产的公允价值与最低租赁付款额的现值两者中较低者计量。

(5) 接受捐赠的固定资产如果捐赠方提供有关凭证的，则按照凭证上标明的金额，加上支付的相关税费入账；如果捐赠方未提供有关凭证的，则按照同类或类似资产的市场价格，加上支付的相关税费计量。

(6) 盘盈的固定资产按照同类或类似固定资产的市场价格减去按该项资产新旧程度估计的价值损耗后的余额计量。

(7) 在原有固定资产基础上进行改建、扩建的固定资产按照原有固定资产账面原值，减去改建、扩建过程中发生的变价收入，加上由于改建、扩建使该项资产达到预定可使用状态前发生的支出计量。

知识拓展

对于已经入账的固定资产，原则上不得变更其原始价值，除非发生下列情况：
(1) 根据国家规定对固定资产进行重新估价。
(2) 增加补充设备或改良装置。
(3) 将固定资产的一部分拆除。
(4) 发现以前记录的固定资产价值有错误。

三、固定资产取得的核算

根据前述内容可知，服务业企业取得固定资产的途径有多种，但最常见的是外购、投资者投入、融资租入等途径，故下面仅介绍这3种途径取得固定资产的核算。

(一) 外购固定资产的核算

1. 外购固定资产入账价值的确定

外购的固定资产是指企业以现金或通过负债购置的固定资产，应按发生的实际成本入账。服务业企业外购的固定资产可分为需安装的和不需安装的固定资产两种，其成本的核算具体如图4-5所示。

图4-5 外购固定资产的成本核算

2. 外购固定资产相关账户的设置

为了全面反映固定资产的特点及与固定资产相适应的计价标准，需设置"固定资产"和"在建工程"等账户。

"固定资产"是资产类账户，其始终按原始价值反映固定资产的增减变动和结余情况，其账户结构如表4-1所示。

表4-1 "固定资产"账户

借方	贷方
取得固定资产的成本	处置固定资产的成本
期末余额：固定资产的原值的结余	

"在建工程"是资产类账户，主要核算企业各项工程，包括固定资产新建工程、改扩建工程、大修理工程等所发生的实际支出，其结构如表4-2所示。

表4-2 "在建工程"账户

借方	贷方
购置、建造、安装固定资产所发生的支出	结转完工工程成本
期末余额：尚未办理竣工结算的工程成本	

3. 外购固定资产的账务处理

外购固定资产的账务处理如表4-3所示。

表4-3 外购固定资产的账务处理

具体经济业务		借方	贷方
不需安装的固定资产		固定资产 应交税费——应交增值税（进项税额）	银行存款
需安装的 固定资产	购入时	在建工程 应交税费——应交增值税（进项税额）	银行存款等
	支付安装费用时	在建工程	银行存款等
	安装完毕交付使用时	固定资产	在建工程

【例4-1】浦江酒店购入一台需安装的厨房设备，专用发票列明买价10 000元，增值税税额1 300元，款项通过转账支票支付。应编制会计分录如下。

　　借：在建工程——厨房设备　　　　　　　　　　　　　　10 000
　　　　应交税费——应交增值税（进项税额）　　　　　　　 1 300
　　　贷：银行存款　　　　　　　　　　　　　　　　　　　　11 300

【例4-2】第2天，设备安装完成，支付安装费用1 000元。应编制会计分录如下。

　　借：在建工程——厨房设备　　　　　　　　　　　　　　 1 000
　　　贷：银行存款　　　　　　　　　　　　　　　　　　　　 1 000

【例4-3】设备安装完毕，达到预定可使用状态，已交付使用。应编制会计分录如下。

项目四 固定资产和无形资产

借：固定资产——厨房设备　　　　　　　　　　　　　　11 000
　　贷：在建工程——厨房设备　　　　　　　　　　　　　　　11 000

☞ **提示**

服务业企业自行建造固定资产的核算方法与购置需要安装的固定资产相同，也通过"在建工程"科目核算。

☞ **想一想**

固定资产安装过程中领用原材料，应如何进行会计处理？

（二）投资者投入固定资产的核算

投资者投入的固定资产是指以投入资本形式进入企业的固定资产。收到投资者投入的固定资产，在会计处理上，一方面要反映固定资产的增加，另一方面要反映投资者投资额的增加。

☞ **知识链接**

服务业企业收到投资者投入的固定资产时，应按投资合同或协议预定的价值：
借：固定资产
　　应交税费——应交增值税（进项税额）
　　贷：实收资本

【例4-4】A公司向浦江酒店投入一台设备，投资合同约定该设备的价值为30 000元，增值税税额为3 900元，该设备已达到预定可使用状态，并已验收使用。做会计分录如下。

借：固定资产　　　　　　　　　　　　　　　　　　　30 000
　　应交税费——应交增值税（进项税额）　　　　　　　　3 900
　　贷：实收资本　　　　　　　　　　　　　　　　　　　　33 900

（三）融资租入固定资产的核算

融资租入的固定资产应单独设置明细科目进行核算。企业在租赁开始日，按租赁开始日租赁资产的公允价值与最低租赁付款额的现值两者中较低者作为入账价值。融资租入固定资产的账务处理如表4-4所示。

表4-4　融资租入固定资产的账务处理

具体经济业务	借方	贷方
融资租入固定资产时	固定资产——融资租入固定资产	未确认融资费用 长期应付款——应付融资租赁款
按期分摊未确认融资费用时	财务费用	未确认融资费用
按期支付应付款项时	长期应付款——应付融资租赁款	银行存款
偿还借款	短期借款	银行存款

☞ **知识链接**

租赁期满，如果合同规定将设备所有权转归承租企业，则应将资产从"融资租入固定资产"明细账转入其他有关明细账。

企业租入的固定资产，按其租赁形式不同区分为经营租赁和融资租赁，如图4-6所示。

图4-6　租入的固定资产的分类

> 想一想
>
> 企业通过融资租赁方式租入的固定资产，在租赁期内，虽然只有使用权，没有所有权，但应视同自有固定资产进行核算，是哪个会计信息质量特征的体现？

四、固定资产折旧的核算

（一）固定资产折旧概述

1. 固定资产折旧的含义

固定资产折旧是指在固定资产的使用寿命内，按照确定的方法对应计折旧额进行的分摊。

> 提示
>
> 应计折旧额是指应当计提折旧的固定资产的原价扣除其预计净残值后的金额。已提减值准备的固定资产，还应扣除已计提的固定资产减值准备累计金额。

2. 影响固定资产折旧的因素

影响固定资产折旧的因素如图4-7所示。

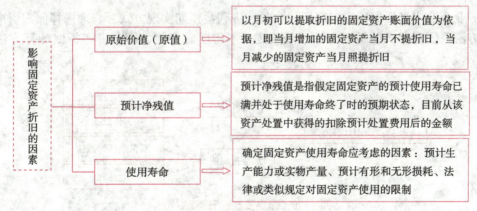

图4-7　影响固定资产折旧的因素

企业应当根据固定资产的性质和使用情况，合理确定固定资产的使用寿命和预计净残值。固定资产的使用寿命、预计净残值一经确定，不得随意变更。

（二）固定资产折旧的计提范围

1. 应计提折旧的固定资产

应计提折旧的固定资产如图 4-8 所示。

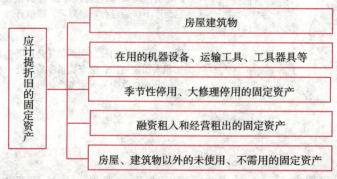

图 4-8　应计提折旧的固定资产

2. 不计提折旧的固定资产

不计提折旧的固定资产如图 4-9 所示。

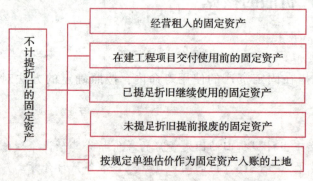

图 4-9　不计提折旧的固定资产

（三）固定资产折旧的计算方法

服务业企业应当根据固定资产所包含的经济利益预期实现方式，合理选择固定资产折旧的计算方法。固定资产的折旧方法一经确定，不得随意变更。固定资产折旧计算方法如图 4-10 所示。

图 4-10　固定资产折旧计算方法

1. 平均折旧法

平均折旧法是指根据固定资产的损耗程度均衡地计提折旧的方法，一般包括平均年限法和工作量法。

(1) 平均年限法。平均年限法又称为直接法，是将固定资产的折旧均衡地分摊到使用寿命各期的一种方法。其计算公式为：

$$年折旧额 = \frac{固定资产原值 - 预计净残值}{预计使用年限} = \frac{固定资产原值 \times (1 - 预计净残值率)}{预计使用年限}$$

$$月折旧额 = \frac{年折旧额}{12}$$

$$年折旧率 = \frac{1 - 净残值率}{预计可使用年限}$$

$$月折旧率 = \frac{年折旧率}{12}$$

【例4-5】浦江酒店有一幢客房，原值900 000元，预计可使用50年，预计净残值率为5%。计算该客房的年折旧率和月折旧额为：

$$年折旧率 = \frac{1 - 5\%}{50} = 1.9\%$$

$$月折旧额 = \frac{900\ 000 \times 1.9\%}{12} = 1\ 425(元)$$

知识拓展

前述固定资产折旧率是按个别固定资产计算的，称为个别折旧率。在实务工作中，由于企业拥有的固定资产数量较多，采用个别折旧率法计算手续比较繁杂，工作量大，为了简化计算，也可采用分类折旧率计算法。

采用分类折旧率计算法，应将性质、结构和使用寿命接近的固定资产归并为一类，计算出它们的平均折旧率，再用该类折旧率计算出该类固定资产的折旧额。

(2) 工作量法。工作量法是指根据固定资产的实际工作量计提折旧额的方法。其计算公式为：

$$每单位工作量折旧额 = \frac{固定资产原值 \times (1 - 预计净残值率)}{预计使用寿命内总的工作量}$$

$$月折旧额 = 每单位工作量折旧额 \times 该固定资产当月实际的工作量$$

想一想

为个别使用程度相差较大的固定资产计提折旧，应采用哪种折旧计提方法更为合理？

2. 加速折旧法

加速折旧法是指在固定资产预计可使用年限内，前期多计提折旧，后期少计提折旧，使固定资产在使用年限内尽早得到补偿。主要包括双倍余额递减法和年数总和法。

(1) 双倍余额递减法。双倍余额递减法是指在不考虑固定资产净残值的情况下，根据每期期初固定资产账面原值减去累计折旧后的金额和双倍的直线折旧率计算固定资产折旧的一种方法。其计算公式为：

$$年折旧率 = \frac{2}{预计可使用年限} \times 100\%$$

$$月折旧率 = \frac{年折旧率}{12}$$

$$月折旧额 = 固定资产账面净值 \times 月折旧率$$

☞ **提示**

因为采用双倍余额递减法，最终无法将应提折旧额分配完毕，所以现行制度规定在固定资产折旧年限到期前两年内，将固定资产净值扣除净残值后的余额平均分摊。

【例4-6】浦江酒店有专用运输大卡车一辆，原值600 000元，预计净残值2 000元，预计可使用年限为4年，采用双倍余额递减法计算该大卡车各年折旧额。

$$年折旧率 = \frac{2}{4} \times 100\% = 50\%$$

该大卡车采用双倍余额递减法时，各年应计提折旧额如表4-5所示。

表4-5 双倍余额递减法折旧计算表　　　　　　　　　　　　　　　　单位：元

年次	年初固定资产净值	年折旧率	年折旧额	累计折旧额	年末固定资产净值
1	600 000	50%	300 000	300 000	300 000
2	300 000	50%	150 000	450 000	150 000
3	150 000	—	74 000	524 000	76 000
4	76 000	—	74 000	598 000	2 000

（2）年数总和法。年数总和法又称为合计年限法，是指将固定资产原值减去预计净残值后的净额乘以一个逐年递减的分数计算年折旧额的方法。

☞ **提示**

该分数的分子表示固定资产可继续使用的年限，分母表示各年可使用年限的总和。

其计算公式为：

$$年折旧率 = \frac{尚可使用年限}{年限总和} \times 100\% = \frac{预计使用年限 - 已使用年限}{年限总和} \times 100\%$$

$$年折旧额 = (固定资产原值 - 预计净残值) \times 年折旧率$$

【例4-7】根据例4-6的资料，用年数总和法计算该大卡车各年的折旧额。

$$年数总和 = 1 + 2 + 3 + 4 = 10$$

该大卡车采用年数总和法时，各年应计提折旧额如表4-6所示。

表4-6 年数总和法折旧计算表　　　　　　　　　　　　　　　　单位：元

年次	原始价值减预计净残值	尚可使用年限	年折旧率	年折旧额	月折旧额	累计折旧额
1	598 000	4	4/10	239 200	19 933.33	239 200
2	598 000	3	3/10	179 400	14 950.00	418 600
3	598 000	2	2/10	119 600	9 966.67	538 200
4	598 000	1	1/10	59 800	4 983.33	598 000

（四）固定资产折旧的核算

为了核算固定资产由于磨损而减少的价值，应设置"累计折旧"账户，其为"固定资产"的备抵账户，其结构如表4-7所示。

表4-7 "累计折旧"账户

借方	贷方
固定资产减少时已提折旧额的冲销数额	本期计提固定资产的折旧额
	期末余额：现有固定资产已提折旧的累计数

服务业企业按月计提固定资产折旧时，要根据固定资产发挥作用的不同，分别借记"销售费用""管理费用"等科目，贷记"累计折旧"科目。

【例4-8】浦江酒店某月提取固定资产折旧费用12 000元，其中业务部门8 000元，行政管理部门4 000元。应编制会计分录如下。

借：销售费用　　　　　　　　　　　　　　　　　　　　　　　　8 000
　　管理费用　　　　　　　　　　　　　　　　　　　　　　　　4 000
　贷：累计折旧　　　　　　　　　　　　　　　　　　　　　　　　12 000

> **想一想**
>
> 在符合税法规定的前提下，采用平均法和加速折旧法计提折旧，对所得税税负会产生什么影响？

五、固定资产后续支出的核算

固定资产在使用过程中，由于各个组成部分的耐用程度不同或使用条件不同，可能发生局部损坏，因此，为了保持固定资产的正常运转或提高效能，就必须对其进行必要的维护、改建、扩建或者改良。固定资产后续支出的会计处理应视情况而定，具体如图4-11所示。

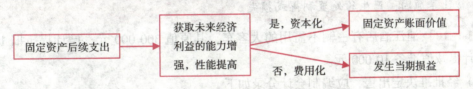

图4-11　固定资产后续支出的会计处理

固定资产的日常修理费用等支出只是确保固定资产的正常运转，一般不产生未来经济利益。

> **知识链接**
>
> 固定资产的日常修理支出，应区分服务对象列入"销售费用"和"管理费用"科目，如图4-12所示。
>
>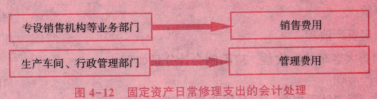
>
> 图4-12　固定资产日常修理支出的会计处理

【例4-9】浦江酒店对现有一台管理用大型设备进行日常维护，签发转账支票支付维护费用28 000元，不考虑相关税费。应编制会计分录如下。

借：管理费用　　　　　　　　　　　　　　　　　　　　　　　28 000
　　贷：银行存款　　　　　　　　　　　　　　　　　　　　　　28 000

☞ 想一想

判断固定资产后续支出应进行资本化或费用化的关键是什么？

六、固定资产处置的核算

服务业企业固定资产处置的去向主要有出售、报废、毁损等。

企业因出售、报废、毁损等原因减少固定资产时，要通过"固定资产清理"账户核算。"固定资产清理"属于资产类账户，其结构如表4-8所示。

表4-8　"固定资产清理"账户

借方	贷方
转入清理固定资产的净值和发生的清理费用	清理固定资产的变价收入和有保险公司或过失人承担的损失
尚未清理完毕的固定资产净损失	期末余额：尚未清理完毕的固定资产净收益

（一）出售固定资产的核算

服务业企业为合理使用资金，可以将闲置的不需用固定资产出售。出售固定资产的净损益应计入"资产处置损益"科目。

☞ 知识链接

"资产处置损益"为损益类科目，主要用来核算固定资产、无形资产、在建工程等因出售、转让等原因，产生的处置利得或损失。

【例4-10】浦江酒店有一辆不需用的大客车，其原值300 000元，已计提折旧160 000元，已计提减值准备10 000元。

（1）经批准决定出售，应编制会计分录如下。

借：固定资产清理　　　　　　　　　　　　　　　　　　　　　130 000
　　累计折旧　　　　　　　　　　　　　　　　　　　　　　　160 000
　　固定资产减值准备　　　　　　　　　　　　　　　　　　　　10 000
　　贷：固定资产　　　　　　　　　　　　　　　　　　　　　　300 000

（2）出售取得收入140 000元存入银行，假设不考虑相关税费，应编制会计分录如下。

借：银行存款　　　　　　　　　　　　　　　　　　　　　　　140 000
　　贷：固定资产清理　　　　　　　　　　　　　　　　　　　　140 000

（3）结转出售大客车的净收益，应编制会计分录如下。

借：固定资产清理　　　　　　　　　　　　　　　　　　　　　　10 000
　　贷：资产处置损益——处置非流动资产利得　　　　　　　　　 10 000

> **想一想**
> 应如何结转固定资产出售的净损失?

(二)报废、毁损固定资产的核算

固定资产由于长期使用而发生损耗,会丧失原有功能,无法继续使用,因此需将它们报废;部分固定资产由于遭受自然灾害以致毁损。固定资产的报废、毁损都要经过有关部门的批准后才能进行清理。

> **提示**
> 固定资产报废、毁损产生的利得,计入"营业外收入——处置非流动资产利得"科目,产生的损失计入"营业外支出——处置非流动资产损失"科目。

【例4-11】 浦江酒店报废一台设备,其原值200 000元,已计提折旧180 000元。

(1)经批准将设备报废清理时,应编制会计分录如下。

借:固定资产清理　　　　　　　　　　　　　　　　　　20 000
　　累计折旧　　　　　　　　　　　　　　　　　　　　180 000
　　贷:固定资产　　　　　　　　　　　　　　　　　　　　　200 000

(2)用银行存款支付清理费用6 000元时,应编制会计分录如下。

借:固定资产清理　　　　　　　　　　　　　　　　　　6 000
　　贷:银行存款　　　　　　　　　　　　　　　　　　　　6 000

(3)出售设备得到残料变价收入10 000元,假设不考虑相关税费,应编制会计分录如下。

借:银行存款　　　　　　　　　　　　　　　　　　　　10 000
　　贷:固定资产清理　　　　　　　　　　　　　　　　　　10 000

(4)结转固定资产清理净损失,应编制会计分录如下。

借:营业外支出——处置非流动资产损失　　　　　　　　16 000
　　贷:固定资产清理　　　　　　　　　　　　　　　　　　16 000

七、固定资产清查的核算

固定资产清查是保护企业财产安全完整、保证会计核算真实性的重要手段。企业应定期或至少每年年末对固定资产进行全面清查,发现盘亏盘盈情况要及时查明原因,并编制"固定资产盘亏盘盈报告单"。

盘亏的固定资产,应通过"待处理财产损溢"科目核算。

> **知识链接**
> 盘亏的固定资产,按其账面价值,借记"待处理财产损溢"科目,按已计提折旧,借记"累计折旧"科目,按该项固定资产已计提的减值准备,借记"固定资产减值准备"科目,按固定资产原价,贷记"固定资产"科目。

【例 4-12】 浦江酒店年末进行固定资产清查，盘亏计算机一台，原值 8 000 元，已计提折旧 3 500 元，但未计提减值准备。

（1）将盘亏的计算机转账，应编制会计分录如下。

借：待处理财产损溢　　　　　　　　　　　　　　　　　　　4 500
　　累计折旧　　　　　　　　　　　　　　　　　　　　　　3 500
　　　贷：固定资产　　　　　　　　　　　　　　　　　　　　　　　8 000

（2）盘亏的计算机查明已失窃，经批准予以转账，应编制会计分录如下。

借：营业外支出——盘亏损失　　　　　　　　　　　　　　　4 500
　　　贷：待处理财产损溢　　　　　　　　　　　　　　　　　　　　4 500

> ☞ **提示**
> 盘盈的固定资产，不通过"待处理财产损溢"科目核算，应按照前期差错予以更正，在批准处理前，先通过"以前年度损益调整"科目核算。

八、固定资产减值的核算

固定资产减值是指固定资产由于技术陈旧或其他原因导致其可收回金额低于账面净值。企业应当在会计期末，对固定资产逐项进行检查，以判断固定资产是否存在减值迹象。

> ☞ **知识链接**
> 由于市价大幅下跌或技术陈旧、损坏、长期闲置等原因导致其可收回金额低于账面价值的，应将可收回金额低于账面价值的差额作为固定资产减值准备。

固定资产可收回金额的确定如图 4-13 所示。

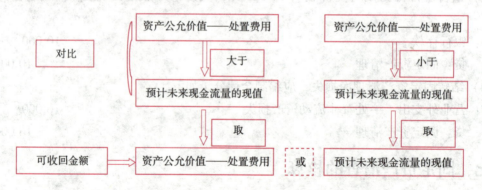

图 4-13　固定资产可收回金额的确定

如果服务业企业的固定资产实质上已经发生了减值，则应当设置"固定资产减值准备"账户，用以核算提取的固定资产减值准备。"固定资产减值准备"属于资产类账户，其结构如表 4-9 所示。

表 4-9　"固定资产减值准备"账户

借方	贷方
转销已计提的固定资产减值准备	计提的固定资产减值准备
	期末余额：累计已计提的固定资产减值准备

☞ 知识链接
服务业企业固定资产发生减值时,按可收回金额低于账面价值的差额:
借:资产减值损失
　　贷:固定资产减值准备

【例 4-13】浦江酒店有办公设备一台,原值 20 000 元,已计提折旧 10 000 元,现由于市价大幅度下跌,其可收回金额为 8 000 元,计提减值准备,应编制会计分录如下。
借:资产减值损失　　　　　　　　　　　　　　　　　　　　2 000
　　贷:固定资产减值准备　　　　　　　　　　　　　　　　　　2 000

知识拓展
(1) 固定资产减值损失确认后,减值资产的折旧应当在未来期间做相应调整。
(2) 固定资产减值准备一经确认,在以后会计期间不得转回。

☞ 想一想
存货跌价准备和固定资产减值准备两者有哪些相似和不同之处?

任务二　认知无形资产

引导案例

袁隆平农业高科技股份有限公司(隆平高科 000998)的特别之处就在于它的公司名称中有我国著名科学家袁隆平先生的名字。根据公司和袁隆平先生签订的协议,袁隆平先生同意在股份公司存续期间将其姓名用于股份公司的名称和公司股票上市时的股票简称,公司则向袁隆平先生支付姓名权使用费 580 万元。

思考:为什么隆平高科愿意向袁隆平先生支付高达 580 万元姓名权使用费?隆平高科应如何处理这笔经济业务?

一、无形资产概述

(一) 无形资产的概念
无形资产是指企业拥有或者控制的没有实物形态的可辨认非货币性资产。

☞ 知识链接
无形资产应当在符合定义的条件下,同时满足以下两个确认条件,才能予以确认。
(1) 与该资产有关的经济利益很可能流入企业。
(2) 该无形资产的成本能可靠地计量。

(二) 无形资产的分类
无形资产的分类如图 4-14 所示。

项目四　固定资产和无形资产

图 4-14　无形资产的分类

☞ **知识链接**

（1）专利权：指发明者对其发明依照法律程序向专利机构申请获得的，在法律保护下，公开的、有期限的一种技术使用权。

（2）非专利技术：指发明人专有的、先进实用的、未经公开、未申请专利的技术知识。非专利技术不受法律保护，而是靠技术保密的方式来维护其独占权。

（3）商标权：指商标经注册后取得的专用权利。商标一经注册就具有独占性，任何人不得侵犯。

（4）土地使用权：指投资者以有权使用的土地作为资产向被投资企业投资的一项无形资产。它不同于企业租用土地而支付的土地使用费。土地使用权只有作为投资时才列作被投资企业的无形资产。

☞ **想一想**

请举例说明服务业企业可纳入无形资产的核算范畴的资产有哪些？

（三）无形资产的特征

无形资产的特征如图 4-15 所示。

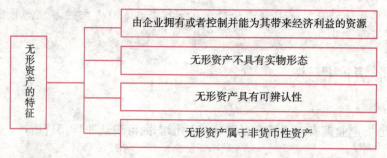

图 4-15　无形资产的特征

根据无形资产的特征，在无形资产核算中，要采用适当的方法进行分类、计价，要根据取得无形资产发生的支出确定其取得的成本，并合理地计算、摊销其转销为费用的价值。

☞ 想一想

1. 商誉是否属于无形资产？
2. 无形资产是否通常表现为某种权利、某项技术或某种获取超额利润的综合能力？

二、无形资产的计量

服务业企业的无形资产在取得时，应按实际成本计量。无形资产的取得途径如图 4-16 所示。

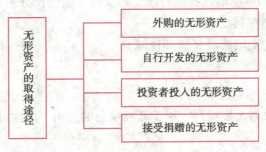

图 4-16 无形资产的取得途径

☞ 知识链接

（1）外购的无形资产的成本包括购买价款、相关税费及直接归属于使该项资产达到的预定用途所发生的其他支出。

（2）自行开发的无形资产的成本包括自满足无形资产的确认条件后至达到预定用途前所发生的支出总额。

（3）投资者投入的无形资产按投资合同或协议约定的价值计量，但合同或协议约定价值不公允的除外。

（4）接受捐赠的无形资产，捐赠方提供有关凭据的，按凭据上应支付的相关税费计量；捐赠方未提供有关凭据的，按同类或类似无形资产的市场价格估计的金额加上应支付的相关税费计量。

三、无形资产取得的核算

为反映服务业企业各种无形资产的取得、减少等情况，应设置"无形资产"账户进行核算。"无形资产"属于资产类账户，其结构如表 4-10 所示。

表 4-10 "无形资产"账户

借方	贷方
无形资产的增加数额	无形资产的减少数额
期末余额：现有无形资产的原值	

（一）外购的无形资产的核算

服务业企业外购的无形资产应按购入支付的价款和发生的咨询费、手续费之和计价入账。

> **知识链接**
>
> 会计处理上，按实际支付的价款，借记"无形资产""应交税费——应交增值税（进项税额）"科目，贷记"银行存款"等科目。

【例4-14】浦江酒店向当地土地管理局支付800 000元取得非专利技术，在洽购期间，发生相关费用20 000元，款项通过签发转账支票支付。做会计分录如下。

借：无形资产——非专利技术　　　　　　　　　　　　820 000
　　应交税费——应交增值税（进项税额）　　　　　　 49 200
　　贷：银行存款　　　　　　　　　　　　　　　　　　　869 200

（二）自行开发的无形资产的核算

服务业企业自行开发的无形资产，对于开发项目的支出，应区分研究阶段支出和开发阶段支出，如图4-17所示。

图4-17　开发项目的支出

> **知识链接**
>
> 企业自行开发的无形资产发生的研发支出，费用化的计入"研发支出——费用化支出"科目，资本化的计入"研发支出——资本化支出"科目。
>
> "研发支出"是成本类账户，其结构如表4-11所示。
>
> 表4-11　"研发支出"账户
>
> | 借方 | 贷方 |
> | --- | --- |
> | 发生的无形资产研发支出 | 结转无形资产的研发成本 |
> | 期末余额：正在开发的无形资产的成本 | |

【例4-15】浦江酒店自行研发一项专利，发生下列经济业务。

（1）6月30日，分配研发人员在研究阶段的工资5 000元，并按工资的14%计提职工福利费。应编制会计分录如下。

借：研发支出——费用化支出　　　　　　　　　　　　　5 700
　　贷：应付职工薪酬——工资　　　　　　　　　　　　　　5 000
　　　　　　　　　　　——职工福利　　　　　　　　　　　　700

(2) 6月30日，结转费用化支出。应编制会计分录如下。

借：管理费用　　　　　　　　　　　　　　　　　　　　5 700
　　贷：研发支出——费用化支出　　　　　　　　　　　　　　5 700

(3) 7月2日，该项目进入开发阶段，领用材料18 800元，其中8 800元符合资本化条件。应编制会计分录如下。

借：研发支出——资本化支出　　　　　　　　　　　　　8 800
　　　　　　——费用化支出　　　　　　　　　　　　　10 000
　　贷：原材料　　　　　　　　　　　　　　　　　　　　　18 800

(4) 7月18日，签发转账支票支付外聘开发人员的劳务费6 200元，符合资本化条件。应编制会计分录如下。

借：研发支出——资本化支出　　　　　　　　　　　　　6 200
　　贷：银行存款　　　　　　　　　　　　　　　　　　　　6 200

(5) 7月30日，分配项目开发人员工资6 000元，并按工资的14%计提职工福利费，符合资本化条件。应编制会计分录如下。

借：研发支出——资本化支出　　　　　　　　　　　　　6 840
　　贷：应付职工薪酬——工资　　　　　　　　　　　　　　6 000
　　　　　　　　　　——职工福利　　　　　　　　　　　　　840

(6) 7月31日，结转费用化支出。应编制会计分录如下。

借：管理费用　　　　　　　　　　　　　　　　　　　　10 000
　　贷：研发支出——费用化支出　　　　　　　　　　　　　10 000

(7) 8月2日，该项目开发成功，用银行存款支付注册登记费10 200元，其他相关费用5 800元。应编制会计分录如下。

借：研发支出——资本化支出　　　　　　　　　　　　　16 000
　　贷：银行存款　　　　　　　　　　　　　　　　　　　　16 000

(8) 8月2日，结转专利开发项目的成本。应编制会计分录如下。

借：无形资产——专利权　　　　　　　　　　　　　　　37 840
　　贷：研发支出——资本化支出　　　　　　　　　　　　　37 840

(三) 投资者投入的无形资产的核算

服务业企业取得投资者投入的无形资产，应按投资各方确认的价值入账。

> **知识链接**
>
> 会计处理上，借记"无形资产"科目，贷记"实收资本"或"股本"科目。

【例4-16】浦江酒店接受香城饭店一项专利权的投资，投资协议约定的价值为500 000元，增值税税额为30 000元。做会计分录如下。

借：无形资产——专利权　　　　　　　　　　　　　　　500 000
　　应交税费——应交增值税（进项税额）　　　　　　　　30 000
　　贷：实收资本　　　　　　　　　　　　　　　　　　　530 000

四、无形资产摊销的核算

(一) 无形资产摊销的规定

服务业企业应当于取得无形资产时，分析判断其使用寿命。无形资产摊销的规定如图4-18所示。

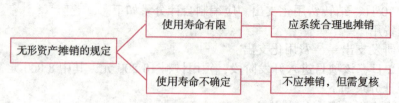

图 4-18 无形资产摊销的规定

使用寿命有限的无形资产，应当估计该使用寿命的年限或构成使用寿命的产量等类似计量单位数量；无法预见无形资产为企业带来未来经济利益期限的，应当视为使用寿命不确定的无形资产。

> **知识链接**
>
> 使用寿命有限的无形资产，其摊销金额应当在使用寿命内系统合理地摊销。
>
> 使用寿命不确定的无形资产不应摊销，但应当在每个会计期间对其使用寿命进行复核，如有证据表明其使用寿命是有限的，应当估计其使用寿命。

企业摊销无形资产，应当自无形资产可供使用时起，至不再作为无形资产确认时止。选择的摊销方法应反映企业预期消耗该项无形资产所产生的未来经济利益的方式，无法可靠确定预期实现方式的，应当采用直线法摊销。

（二）无形资产摊销的核算

为了核算无形资产的价值摊销情况，应设置"累计摊销"账户。"累计摊销"属于资产类账户，是无形资产的抵减账户，用以核算企业对使用寿命有限的无形资产计提的累计摊销额，其结构如表 4-12 所示。

表 4-12 "累计摊销"账户

借方	贷方
转销的无形资产摊销金额	计提的无形资产摊销金额
	期末余额：无形资产的累计摊销额

企业摊销无形资产时，借记"管理费用"科目，贷记"无形资产"科目。

【例 4-17】浦江酒店某项专利的成本为 60 000 元，有效使用期限为 5 年，按月摊销，做会计分录如下。

借：管理费用　　　　　　　　　　　　　　　　　　　　　　　1 000
　　贷：累计摊销　　　　　　　　　　　　　　　　　　　　　　　　1 000

> **想一想**
>
> 已被其他新技术所替代且无使用价值和转让价值的无形资产，是否应当将其账面价值予以转销？

任务二 认知无形资产

五、无形资产出售与出租的核算

（一）无形资产出售的核算

出售无形资产是指转让无形资产的所有权。无形资产出售的账务处理如表4-13所示。

表4-13 无形资产出售的账务处理

会计分录	金额
借：银行存款	出售收入
累计摊销	已计提的累计摊销额
无形资产减值准备	已计提的减值准备金额
贷：无形资产	账面原值
应交税费——应交增值税	按出售收入的一定比例计算的增值税额
资产处置损益	无形资产出售收益，若为出售损失，则应借记

【例4-18】浦江酒店转让一项非专利技术，该项土地使用权账面原值800 000元，已计提累计摊销360 000元，取得转让收入500 000元，按出售收入的9%计算应交增值税额。编制做会计分录如下。

借：银行存款　　　　　　　　　　　　　　　　500 000
　　累计摊销　　　　　　　　　　　　　　　　360 000
　贷：无形资产　　　　　　　　　　　　　　　　800 000
　　　应交税费——应交增值税　　　　　　　　　 45 000
　　　资产处置损益——处置无形资产利得　　　　 15 000

（二）无形资产出租的核算

企业出租无形资产是指企业仅将该项无形资产部分使用权让渡给其他企业，仍然保留对所出租无形资产的所有权。无形资产出租的账务处理如表4-14所示。

表4-14 无形资产出租的账务处理

具体经济业务	借方	贷方
取得租金收入时	银行存款	其他业务收入 应交税费——应交增值税
结转出租的无形资产成本时	其他业务成本	累计摊销

六、无形资产减值的核算

企业应当定期或至少于每年年度终了，检查各项无形资产预计给企业带来未来经济利益的能力，对预计可收回金额低于其账面价值的，应当计提减值准备。

> ☞ 知识链接
>
> 无形资产减值的账务处理：
> 借：资产减值损失
> 　贷：无形资产减值准备（可收回金额低于账面价值的差额）

【例 4-19】 浦江酒店自行研发的一项非专利技术账面原值为 48 000 元，已计提累计摊销 28 800 元。由于该项非专利技术的盈利能力大幅度下降，因此预计其未来现金流量的现值为 15 000 元。应编制会计分录如下。

借：资产减值损失　　　　　　　　　　　　　　　　　　　　　　　　4 200
　　贷：无形资产减值准备　　　　　　　　　　　　　　　　　　　　　4 200

该项非专利技术的账面价值＝48 000－28 800＝19 200（元），可收回金额为 15 000 元，低于账面价值，应计提减值准备金额＝19 200－15 000＝4 200（元）

知识拓展

（1）无形资产减值损失确认后，减值资产的摊销应当在未来期间做相应调整。
（2）无形资产减值准备一经确认，在以后会计期间不得转回。

☞ 想一想

试阐述"无形资产减值准备"科目的性质。

项目五

负 债

知识目标

- 了解负债的定义、特点及分类。
- 了解流动负债和非流动负债的基本特点、分类。
- 掌握负债相关经济业务的会计核算。

技能目标

- 能区分流动负债和非流动负债。
- 能够规范地编制负债相关会计分录。
- 能运用负债相关知识分析案例。

知识导图

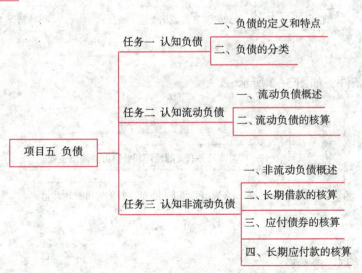

项目五 负 债

任务一 认知负债

引导案例

> 举债经营是企业经营的常态,对于"债"的理解,有人认为"债"就是企业欠其他企业的财产;也有人认为"债"就是需要在未来的某个日期用财物或劳务来偿还的事项;还有人认为"债"就是向银行筹借且需要按约定偿还的资金。
>
> **思考:** 1. 试从会计的角度评价上述有关"债"的说法?
> 2. 在会计上,"负债"应如何定义?

一、负债的定义和特点

(一)负债的定义

负债是指由过去的交易、事项形成的,预期会导致经济利益流出企业的现时义务。负债的内容如图5-1所示。

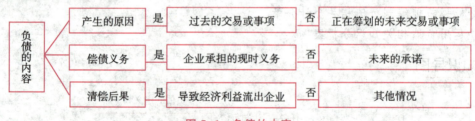

图 5-1 负债的内容

负债确认的条件,如图5-2所示。

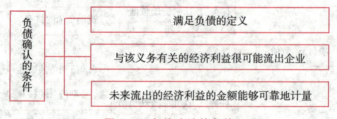

图 5-2 负债确认的条件

(二)负债的特点

根据负债的定义,负债的特点如图5-3所示。

任务一　认知负债

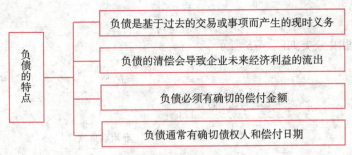

图 5-3　负债的特点

> **知识链接**
> （1）现时义务是指企业在现行条件下已承担的义务，这种义务一般是企业取得其所需要的资产或使用劳务的后果。
> （2）负债必须在将来的某个时候，通过交付资产或者提供劳务来清偿，届时负债才能消除。
> （3）负债是能够用货币计量的、有确切的或合理预计的偿付金额。
> （4）企业发生负债，通常有明确的债权人和偿付债务的日期或能做出合理的估计。

> **想一想**
> （1）企业与供货单位签订合同，是否构成负债？
> （2）能否通过增加所有者权益来清偿负债？
> （3）预计未决诉讼可能败诉的损失金额能否确认为一项负债？

二、负债的分类

服务业企业的负债多种多样，其形成原因、偿还的方式和期限各不相同、各有特点。根据管理和核算的需要，负债可按形成原因和偿还期限进行分类。

（一）按形成原因分类

负债按形成原因分类如图 5-4 所示。

图 5-4　负债按形成原因分类

> **知识链接**
> （1）经营性负债是指企业因经营活动而发生的负债，如应付账款、预收账款等。
> （2）融资性负债是指企业因融通资金而形成的负债，如短期借款、应付债券等。
> （3）其他负债是指不属于以上两种的由其他原因而发生的负债，如其他应付款。

（二）按偿还期限分类

负债按偿还期限分类如图5-5所示。

图5-5　负债按偿还期限分类

> ☞ 知识链接
>
> （1）流动负债是指在一年（含一年）或一年以内的一个营业周期内偿还的债务。
>
> （2）非流动负债是指偿还期在一年以上或超过一年的一个营业周期以上的债务。

> ☞ 想一想
>
> （1）试对负债科目按形成原因进行分类。
>
> （2）试举例说明常见的流动负债和非流动负债有哪些？

任务二　认知流动负债

引导案例

A企业因经营需要，向其开户银行借入资金300 000元，借款合同约定年利率为8%，还款期限为15个月。

思考：上述银行借款是否属于流动负债的核算范畴？

一、流动负债概述

（一）流动负债的特点

流动负债的特点如图5-6所示。

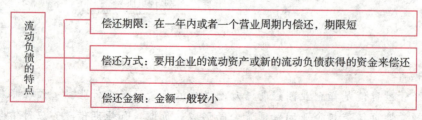

图5-6　流动负债的特点

(二) 流动负债的分类

流动负债的分类如图 5-7 所示。

图 5-7 流动负债的分类

> **想一想**
> (1) 试对流动负债科目按其应付金额是否确定进行分类。
> (2) 或有负债是否属于流动负债？

二、流动负债的核算

(一) 短期借款的核算

短期借款是指服务业企业为维持正常生产经营活动而向银行或其他金融机构借入的、偿还期限在一年以下（含一年）的各种款项。

为了总括地反映短期借款的借入和偿还情况，服务业企业应设置"短期借款"账户，其结构如表 5-1 所示。

表 5-1 "短期借款"账户

借方	贷方
到期归还的短期借款数额	取得的各种短期借款数额
	期末余额：尚未归还的短期借款数额

短期借款必须按期归还本金并按时支付利息。短期借款的利息支出属于企业在理财活动中为筹集资金而发生的一项耗费，应将其作为财务费用加以确认。短期借款账务处理如表 5-2 所示。

表 5-2 短期借款的账务处理

具体经济业务	借方	贷方
取得短期借款	银行存款	短期借款
按月计算借款利息	财务费用	应付利息
按季度支付借款利息	应付利息	银行存款
偿还借款	短期借款	银行存款

【例 5-1】 恒远旅行社××年 1 月 1 日因经营活动需要，向银行借入半年期贷款 500 000 元，年利率为 7.2%，利息按月预提、按季支付。账务处理如下：

(1) 取得借款时：

借：银行存款　　　　　　　　　　　　　　　　　　500 000
　　贷：短期借款　　　　　　　　　　　　　　　　　　　　500 000

(2) 每季度的第1个月、第2个月计提利息：

借：财务费用　　　　　　　　　　　　　　　　　　3 000
　　贷：应付利息　　　　　　　　　　　　　　　　　　　　3 000

(3) 按季支付利息：

借：应付利息　　　　　　　　　　　　　　　　　　6 000
　　财务费用　　　　　　　　　　　　　　　　　　3 000
　　贷：银行存款　　　　　　　　　　　　　　　　　　　　9 000

(4) 归还本金时：

借：短期借款　　　　　　　　　　　　　　　　　　500 000
　　贷：银行存款　　　　　　　　　　　　　　　　　　　　500 000

☞ **想一想**

若服务业企业借入的短期借款为到期还本付息方式，会计核算有何差异？

（二）应付账款的核算

应付账款是指服务业企业因购买材料、商品或接受劳务供应等而发生的债务。

☞ **提示**

应付账款是买卖双方在购销活动中由于取得物资与支付货款在时间上不一致而产生的负债。

应付账款一般按应付金额入账，而不按到期应付金额的现值入账。服务业企业应设置"应付账款"账户进行核算，其结构如表5-3所示。该账户应按供应单位设置明细账，进行明细分类核算。

表5-3　"应付账款"账户

借方	贷方
支付的各种应付款项	购入财产物资或接受劳务而应付未付的款项
	期末余额：尚未支付的各种应付款项的数额

【例5-2】恒远旅行社于7月3日从甲商场购入一批纺织品，取得增值税专用发票，列明价款50 000元，增值税税额6 500元，款项于9月3日签发转账支票支付。账务处理如下。

(1) 7月3日，该批纺织品验收入库，款项尚未支付。

借：原材料　　　　　　　　　　　　　　　　　　　50 000
　　应交税费——应交增值税（进项税额）　　　　　6 500
　　贷：应付账款——甲商场　　　　　　　　　　　　　　56 500

(2) 9月3日，支付货款时：

借：应付账款——甲商场　　　　　　　　　　　　　56 500
　　贷：银行存款　　　　　　　　　　　　　　　　　　　56 500

知识拓展

（1）购入资产在形成应付账款时附有现金折扣的，应付账款入账金额的确定按发票上记载的应付金额记账。获得的现金折扣冲减财务费用。

（2）应付账款一般在较短期限内支付，有些应付账款可能由于债权单位撤销或其他原因无法支付的，可将其转入营业外收入。

（三）其他应付款的核算

其他应付款是指企业除应付票据、应付账款、应付职工薪酬、应付利息、应交税费等以外的应付和暂收其他单位或个人的款项。其他应付款的内容如图5-8所示。

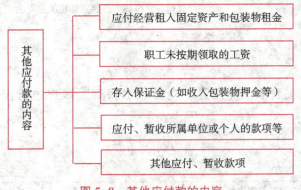

图5-8 其他应付款的内容

服务业企业的其他应付、暂收款，在会计上设置"其他应付款"账户进行核算，其结构如表5-4所示。

表5-4 "其他应付款"账户

借方	贷方
归还或支付的其他各种应付、暂收款项	发生的其他应付、暂收款项
	期末余额：应付未付的其他各种应付、暂收款项

☞ 知识链接

其他应付款的账务处理：

收到时：
借：库存现金/银行存款/管理费用等
 贷：其他应付款

支付时：
借：其他应付款
 贷：库存现金/银行存款等

（四）应付职工薪酬的核算

1. 职工薪酬的定义和内容

职工薪酬是指企业为获得职工提供的服务，而给予的各种形式的报酬及其他支出。其职工薪酬的内容如图5-9所示。

项目五 负 债

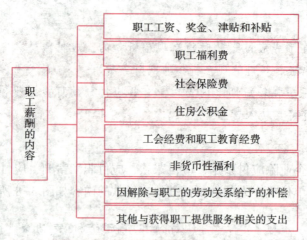

图5-9 职工薪酬的内容

2. 职工薪酬的核算

服务业企业的职工薪酬，应设置"应付职工薪酬"账户进行核算，其结构如表5-5所示。

表5-5 "应付职工薪酬"账户

借方	贷方
实际发放的职工薪酬数额	已分配计入有关成本费用项目的职工薪酬
	期末余额：反映企业应付但未付的职工薪酬

服务业企业应当视职工提供服务的受益对象，即根据"谁受益，谁承担"的原则对发生的职工薪酬分情况进行处理。

（1）职工工资、奖金、津贴和补贴的核算，如图5-10所示。

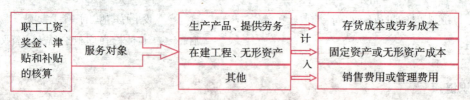

图5-10 职工工资、奖金、津贴和补贴的核算

【例5-3】恒远旅行社自行建造一幢办公楼，尚在建设过程中，本期发生工程人员工资50 000元。应做会计分录如下。

借：在建工程 50 000
　　贷：应付职工薪酬——应付工资 50 000

（2）社会保险和住房公积金的核算。企业为职工缴纳的医疗保险费、养老保险费、失业保险费、工伤保险费和生育保险费等社会保险费和住房公积金，应当在职工为其提供服务的会计期间，根据工资总额的一定比例计算，并根据服务对象确认为资产的成本、劳务成本或当期费用。

☞ 知识链接

工资总额包括职工工资、奖金、津贴和补贴。

社会保险费和住房公积金的分配去向与工资保持一致。

【例 5-4】恒远旅行社为业务人员和行政管理人员（工资比例为 3∶1）缴纳了下一个季度的医疗保险费 48 000 元。

①支付医疗保险费时：

借：应付职工薪酬——应付医疗保险费　　　　　　　48 000
　　贷：银行存款　　　　　　　　　　　　　　　　　　48 000

②每月分摊应负担的医疗保险费时：

借：销售费用　　　　　　　　　　　　　　　　　　12 000
　　管理费用　　　　　　　　　　　　　　　　　　　4 000
　　贷：应付职工薪酬　　　　　　　　　　　　　　　16 000

（3）职工福利费、工会经费和职工教育经费的核算。根据规定，服务业企业的职工福利费、工会经费和职工教育经费按工资总额的一定比例提取。

☞ 知识链接

福利费的计提比例为 14%，工会经费的计提比例为 2%，职工教育经费的计提比例为 2.5%。

职工福利费、工会经费和职工教育经费的分配去向与工资保持一致。

【例 5-5】恒远旅行社 8 月份发放职工工资总额为 100 000 元，其中业务人员为 80 000 元，行政管理人员为 20 000 元；按本月工资总额的 14%、2% 和 2.5% 分别计提职工福利费、工会经费和职工教育经费。应做会计分录如下。

借：销售费用　　　　　　　　　　　　　　　　　　14 800
　　管理费用　　　　　　　　　　　　　　　　　　　3 700
　　贷：应付职工薪酬——职工福利　　　　　　　　　14 000
　　　　　　　　　　　——工会经费　　　　　　　　 2 000
　　　　　　　　　　　——职工教育经费　　　　　　 2 500

（4）辞退补偿。辞退补偿是因企业解除与职工的劳动关系而给予的补偿。

☞ 知识链接

辞退补偿包括两个方面的内容：一是在职工劳动合同尚未到期前，不论职工本人是否愿意，企业决定解除与职工的劳动关系而给予的补偿；二是在职工劳动合同未到期前，为鼓励员工自愿接受裁员而给予的补偿，即职工有权利选择继续在职或接受补偿离职。

满足条件的辞退补偿，应当确认因解除与职工的劳动关系给予补偿而产生的预计负债，同时计入当期管理费用。

☞ 知识链接

辞退补偿的确认条件：一是企业已经制订正式的解除劳动关系计划或提出自愿裁员建议；二是该解除劳动关系计划或裁员建议即将实施，且企业不得单方面撤回。

因被辞退职工不能再给企业带来任何经济利益，辞退补偿应当计入当期费用，而不作为资产成本。

☞ 知识链接

辞退补偿的会计处理：
借：管理费用
　　贷：应付职工薪酬

☞ 想一想

为生产人员或工程人员计提的社会保险费、职工福利费等，应如何进行会计处理？

（五）应交税费的核算

服务业企业应按照法律规定向国家缴纳各种税费。服务业企业在发生纳税义务时，应按照权责发生制的要求，将有关税费计入费用。这些税费在尚未缴纳之前暂时留在企业形成一种负债。

☞ 知识链接

服务业企业依法缴纳的各种税费主要包括：增值税、消费税、资源税、土地增值税、城市建设维护税、教育费附加、房产税、城镇土地使用税、车船税、印花税、企业所得税等。

服务业企业应设置"应交税费"账户，并在该账户下设置有关明细科目进行核算，其结构如表5-6所示。

表5-6 "应交税费"账户

借方	贷方
已缴纳或应抵扣的各种税费	应缴纳的各种税费
	期末余额：欠缴税款

（六）应付利息的核算

应付利息是指服务业企业按照合同约定应支付的利息，包括吸收存款、分期付息到期还本的长期借款、企业债券等应支付的利息。

服务业企业应当设置"应付利息"账户核算其应付未付的各类利息，其结构如表5-7所示。

表5-7 "应付利息"账户

借方	贷方
实际支付的利息费用	预先计提计入损益的利息费用
	期末余额：预提未支付的利息费用

（七）应付股利的核算

应付股利是指服务业企业经过股东大会或类似机构审议批准分配的现金股利或利润。企业股东大会或类似机构审议批准的利润分配方案、宣告分配的现金股利或利润，在实际支付前，形成企业的负债。

服务业企业应当设置"应付股利"账户来核算应付未付的现金股利或利润，其结构如表 5-8 所示。

表 5-8　"应付股利"账户

借方	贷方
实际支付的利润或股利	应付未付的利润或股利
	期末余额：尚未支付的利润或股利

任务三　认知非流动负债

引导案例

注册会计师在审查甲企业"长期借款"明细账时发现，该公司有一笔债权人为 A 公司的借款 24 万元，并连续 18 个月计提了借款利息，但一直未见支付利息的账务处理。检查人员发现该企业"其他应收款"明细账中，在 A 公司的账下有 400 万元的应收款，挂账已两年有余。为什么该公司的欠款未能收回，却又向其取得长期借款？经深入查证，原来挂账的应收款实为向 A 公司的一笔投资，而所谓的"长期借款"竟然是上年由 A 公司分回的投资收益。由于 A 公司所在地企业所得税率低于甲企业所在地税率，因此为逃避补税，会计人员才出此下策。

思考： 1. 该企业的会计处理有何不妥之处？

2. 长期借款可用于核算企业的哪些经济业务？

一、非流动负债概述

非流动负债是除了投资人投入企业的资本以外，企业还向债权人筹集，可供企业长期使用的资金。非流动负债的分类如图 5-11 所示。

图 5-11 非流动负债的分类

企业在开业阶段，通过非流动负债可以弥补投资者投入资金的不足，以保证生产经营业务的顺利进行。企业在生产经营过程中，当需要扩展经营规模或开拓新市场时，适当通过非流动负债来筹集资金是一种有效的途径。

与流动负债相比，非流动负债的特点是负债数额大、偿还期限长。

☞ **想一想**

流动负债和非流动负债的划分标准是什么？两者有何异同？

二、长期借款的核算

（一）长期借款概述

长期借款是指企业向银行或其他金融机构借入偿还期在一年以上的各种借款。企业必须按照有关规定办理借款的取得、使用和归还。长期借款的种类如图 5-12 所示。

图 5-12 长期借款的种类

☞ **提示**

专门借款是指为购建或生产符合资本化条件的资产而专门借入的款项。

服务业企业应设置"长期借款"账户来核算长期借款，按借款单位名称或个人姓名设置明细账，其结构如表 5-9 所示。

表 5-9 "长期借款"账户

借方	贷方
归还的长期借款本金或利息	借入的长期借款本金或应付的借款利息
	期末余额：尚未归还的长期借款本息

（二）借款费用及其资本化处理

借款费用是指企业承担的因借入资金而发生的有关费用，包括因借入资金而发生的利息、与外币有关的汇兑损益。

☞ **提示**

借款费用不包括因借款而发生的手续费、佣金等辅助费用。

☞ **知识链接**

借款费用的账务处理要求有以下两点。

(1) 资本化：与固定资产相关的，在资产尚未交付使用之前发生的借款费用计入所取得资产的价值。

(2) 费用化：企业流动负债性质的借款费用、与固定资产取得有关但发生在固定资产交付使用后的借款费用、不是用于固定资产使用的长期借款费用计入当期损益；筹建期间发生的与固定资产取得无关的借款费用计入长期待摊费用。

(三) 长期借款的账务处理

长期借款的账务处理如表5-10所示。

表5-10 长期借款的账务处理

具体经济业务		借方	贷方
长期借款取得时，以实际取得额入账		银行存款	长期借款
计算利息	到期付息的未付利息	财务费用、在建工程等科目	长期借款
	分期付息的未付利息		应付利息
偿还借款、支付利息		长期借款/应付利息	银行存款

【例5-6】恒远旅行社为建造办公楼向工商银行借入3年期借款400万元，年利息6%，每月计息一次。该项工程于第2年竣工交付使用，借款于第3年一次性还本付息。账务处理如下。

(1) 取得借款时的会计分录如下。

借：银行存款 4 000 000
　　贷：长期借款——本金 4 000 000

(2) 前两年的利息由于发生在工程竣工之前，因此利息支出应予以资本化。第1个月至第24个月末的会计分录如下。

借：在建工程——办公楼 20 000
　　贷：长期借款——应计利息 20 000

(3) 建设项目竣工交付使用后，利息支出计入当期损益。第25个月至第36个月末的会计分录如下。

借：财务费用 20 000
　　贷：长期借款——应计利息 20 000

(4) 第3年到期还本付息时的会计分录如下。

借：长期借款——本金 4 000 000
　　　　　　——应计利息 720 000
　　贷：银行存款 4 720 000

☞ **想一想**

例5-6中长期借款的偿还方式由"到期还本付息"改为"分期付息到期还本"，应如何进行会计处理？

三、应付债券的核算

应付债券是指服务业企业为筹集长期资金而依照法定程序发行的一种书面凭证。

(一) 企业债券概述

债券凭证上所记载的利率、期限等要素，表明发行债券的企业允诺在未来某一特定日期还本付息。其具体的凭证要素如图5-13所示。

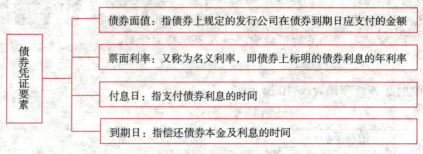

图5-13 企业债券的凭证要素

服务业企业发行债券的价格受同期银行存款利息的影响较大。一般情况下，企业可按面值、溢价和折价发行债券，具体如图5-14所示。

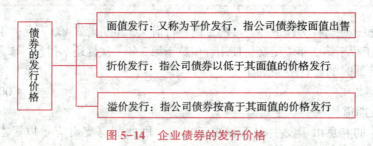

图5-14 企业债券的发行价格

(二) 长期债券的核算

服务业企业应设置"应付债券"账户，用于核算企业为筹集资金而发行的债券本金和利息，并在该账户下设置"面值""利息调整""应计利息"等明细账户核算应付债券的发行、计提利息和还本付息。应付债券的账务处理如表5-11所示。

表5-11 应付债券的账务处理

	具体经济业务	借方	贷方
发行时	面值发行	银行存款	应付债券——面值
	折价发行	银行存款 应付债券——利息调整	应付债券——面值
	溢价发行	银行存款	应付债券——面值 应付债券——利息调整

续表

具体经济业务		借方	贷方
计息时	分期付息一次还本	在建工程/财务费用等	应付利息 应付债券——利息调整（或者在借方）
	到期一次还本付息	在建工程/财务费用等	应付债券——应计利息 应付债券——利息调整（或者在借方）
到期时	支付本息	应付债券——面值 应付利息或 应付债券——应计利息	银行存款

【例5-7】恒远旅行社于2015年7月1日发行一批债券，面值30 000 000元，期限3年，年利率10%，该债券每年付息一次，到期还本。发行债券所筹集的资金用于固定资产建设项目，该项目于2017年12月31日完工，达到可使用状态。2018年7月1日，恒远旅行社偿还债权本金和利息。

(1) 发行债券时，应编制会计分录如下。
借：银行存款　　　　　　　　　　　　　　　　　30 000 000
　　贷：应付债券——面值　　　　　　　　　　　　　　30 000 000

(2) 2015年12月31日计提本年债券利息，应编制会计分录如下。
借：在建工程　　　　　　　　　　　　　　　　　1 500 000
　　贷：应付利息　　　　　　　　　　　　　　　　　　1 500 000

(3) 2016年12月31日、2017年12月31日计提当年年债券利息，应编制会计分录如下。
借：在建工程　　　　　　　　　　　　　　　　　3 000 000
　　贷：应付利息　　　　　　　　　　　　　　　　　　3 000 000

(4) 2018年6月30日计提本年债券利息，应编制会计分录如下。
借：财务费用　　　　　　　　　　　　　　　　　1 500 000
　　贷：应付利息　　　　　　　　　　　　　　　　　　1 500 000

(5) 2018年7月1日偿还债券本金和利息，应编制会计分录如下。
借：应付债券——面值　　　　　　　　　　　　　30 000 000
　　应付利息　　　　　　　　　　　　　　　　　　1 500 000
　　贷：银行存款　　　　　　　　　　　　　　　　　　31 500 000

四、长期应付款的核算

（一）长期应付款概述

长期应付款是指在企业的长期负债中，除长期借款和应付债券以外的其他各种应付款。长期应付款的内容如图5-15所示。

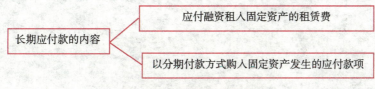

图5-15　长期应付款的内容

服务业企业应设置"长期应付款"账户来核算长期应付款的发生、归还,其结构如表5-12所示。

表5-12 "长期应付款"账户

借方	贷方
归还的长期应付款的本金或利息	长期应付款及其利息支出
	期末余额:尚未偿还的长期应付款的本息

(二)长期应付款的核算

长期应付款主要用于核算融资租入固定资产的租赁费和以分期付款方式购入固定资产发生的应付款项。其中,融资租入固定资产的核算已经在项目四中阐明,此处不再赘述。

服务业企业购买资产有可能延期支付有关价款。如果延期支付的购买价款超过正常信用条件,实质上具有融资性质的,那么所购资产的成本应当以延期支付购买价款的现值为基础确定。

☞ 知识链接

实际支付的价款与购买的现值之间的差额,应当在信用期间内采用实际利率法进行摊销,计入相关资产成本或当期损益。

☞ 知识链接

账务处理:
借:固定资产/在建工程(购买价款的现值)
　　应交税费——应交增值税(进项税额)
　　未确认融资费用(实际支付的价款与购买的现值之间的差额)
　贷:长期应付款(应支付的价款总额)

项目六

所有者权益

知识目标

- 了解所有者权益的概念及其分类。
- 了解投资者投入资本、资本公积的概念。
- 了解留存收益的概念及其分类。
- 掌握所有者权益相关内容的账务处理。

技能目标

- 能区分所有者权益和负债。
- 能够规范地编制实收资本相关会计分录。
- 能运用相关知识分析案例。

知识导图

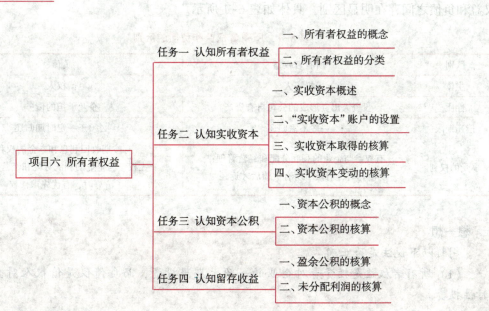

项目六 所有者权益

任务一 认知所有者权益

引导案例

张某打算开办一家零售公司,共需资金240万元。张某现有银行存款120万元,李先生合伙投入80万元,向银行借款40万元。假设不考虑其他事项。

思考:1. 该零售公司的总资产是多少?总负债是多少?
　　　2. 总负债是否包含李先生投入的款项?若不包含,应如何核算?

一、所有者权益的概念

所有者权益是指企业资产中扣除负债后由所有者享有的剩余权益。

☞ 提示
在股份制有限公司中,所有者权益又称为股东权益。

服务业企业要开展生产经营活动,必须拥有一定数量的资产。

☞ 知识链接
形成资产的资金来源主要有两条渠道:一是投资者的投资及其增值,形成投资者的权益,称为所有者权益;二是向债权人借入的资金,形成债权人的权益,称为负债。

所有者权益和负债都是对企业资产的要求权,在会计上可统称为"权益"。但是所有者权益和负债之间存在明显区别,具体如表6-1所示。

表6-1 所有者权益和负债的区别

区别	所有者权益	负债
主体	投资人	债权人
性质	投资人出资形成的公司自有资产	企业承担的债务
偿还期限	一般不需归还	必须于一定时期归还
享受的权利	有权参与企业的利润分配和经营管理;清算时,清偿了所有负债后才返还	有按期收回利息和本金的权利,无权参与企业的利润分配和经营管理;清算时,有优先求偿权

☞ 想一想
判断以下说法是否正确。
(1)所有者权益是投资者对企业的一项无期限投资,而负债仅是债权人对企业的暂时性投资。

（2）投资人的投资收益与企业经营的好坏密切相关，而债权人的投资收益与企业经营的好坏无关。

二、所有者权益的分类

服务业企业的所有者权益可按经济内容和形成渠道分类。按其经济内容可分为实收资本、其他权益工具、资本公积、其他综合收益、盈余公积和未分配利润 6 个部分；按形成渠道分为原始投入资本、留存收益等。具体如图 6-1 所示。

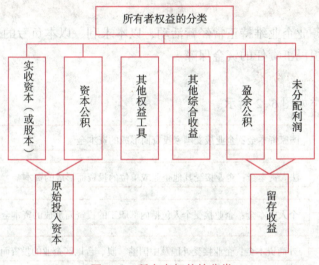

图 6-1　所有者权益的分类

☞ 想一想

本年利润是否属于所有者权益的核算内容？

任务二　认知实收资本

引导案例

对于实收资本的理解，有以下几种说法。

说法一：实收资本就是公司股东投入的现金。

说法二：实收资本不仅包括投资者投入的现金，还包括投入的其他资产。

说法三：实收资本就是公司的注册资本。

思考：以上 3 种说法是否正确？若不正确，你能给实收资本重新下定义吗？

项目六 所有者权益

一、实收资本概述

(一) 实收资本的概念

实收资本是指企业按照章程或合同、协议的约定,接受投资者投入企业的资本。

> ☞ 提示
>
> 实收资本和注册资本是两个不同的概念。注册资本是公司的法定资本,应与股本总额相对;实收资本是指公司已收缴入账的股本,只有足额缴入后,实收资本才能等于注册资本。

实收资本是服务业企业维持正常经营活动、以本求利、以本负亏的基本条件和保证,是服务业企业独立承担民事责任的资金保障。

(二) 实收资本的分类

实收资本的分类如图 6-2 所示。

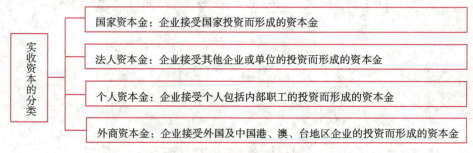

图 6-2 实收资本的分类

二、实收资本账户的设置

为了反映实收资本的形成及其以后的变化情况,在会计核算上应设置"实收资本"账户。该账户为所有者权益类,用来核算所有者投入企业的资本金变化过程及其结果,并按投资人设置明细账,其结构如表 6-2 所示。

表 6-2 "实收资本"账户

借方	贷方
实收资本的减少额	实际收到的投资者投入的资本数额
	期末余额:实收资本的实有额

> ☞ 提示
>
> 按照要求,对资本金的核算在有限责任公司中使用"实收资本"账户,在股份有限公司中使用"股本"账户。

👉 想一想

在什么情况下,"实收资本"账户有借方发生额?

三、实收资本取得的核算

(一)收到货币资本投资的核算

投资者以货币形式投入的资本,应当以实际收到或者存入企业开户银行的金额作为实收资本入账。实际收到或者存入企业开户银行的金额超过其在该企业注册资本中所占份额的部分,计入资本公积。

> **知识链接**
>
> 收到货币资本投资的账务处理:
> 借:银行存款
>   贷:实收资本
>   资本公积——资本溢价

【例 6-1】 宏源有限责任公司为一家注册资本为 450 万元的服务业企业,××年 9 月 1 日,该公司收到甲公司投入的货币资金 200 万元,合同规定甲公司占 25%股权,款项已存入银行。应编制会计分录如下。

应计入实收资本的金额 = 450÷(1-25%)×25% = 150 万元

借:银行存款		2 000 000
贷:实收资本——甲公司		1 500 000
资本公积——资本溢价		500 000

(二)接受非货币资产投入的核算

企业接受投资者投入的非货币资产后,应对实物进行评估或应按投资合同的规定或协议约定确定实物价值,将其作为入账价值及在注册资本中应享有的份额。

> **知识链接**
>
> 收到非货币资本投资的财务处理:
> 借:原材料/固定资产/无形资产等
>   应交税费——应交增值税(进项税额)
>   贷:实收资本
>   资本公积——资本溢价

【例 6-2】 通达酒店接受甲公司投入一批原材料,原材料的市场公允价值为 50 000 元,增值税税额为 6 500 元。应编制会计分录如下。

借:原材料	50 000
应交税费——应交增值税(进项税额)	6 500
贷:实收资本——甲公司	56 500

（三）股份有限公司接受资本投入的核算

股份有限公司是指全部资本由等额股份构成并通过发行股票筹集资金，股东以其所持有的股份对公司承担有限责任，公司以其全部资产对公司的债务承担有限责任。

股份有限公司投入资本的会计核算，应设置"股本"账户进行核算，并按普通股和优先股东单位或姓名设置明细账，其结构如表6-3所示。

表6-3 "股本"账户

借方	贷方
股本的减少额	对外发行股票的面值
	期末余额：企业股本的实有额

☞ 提示

无特殊情况，一般不得减少企业的股本。

企业发行股票取得的收入往往与股本总额不一致，且我国不允许折价发行股票。

☞ 知识链接

溢价发行股票的账务处理：
借：银行存款（发行净收入）
　　贷：股本（按面值）
　　　　资本公积——股本溢价　（溢价的部分扣减发行手续费、佣金等发行费用）

【例6-3】某股份有限公司发行面值1元的股票20万股，以每股13元的价格发行，所发行的价款存入银行，假设不考虑发行费用。应编制会计分录如下。

借：银行存款　　　　　　　　　　　　　　　　　　　　　2 600 000
　　贷：股本　　　　　　　　　　　　　　　　　　　　　　　200 000
　　　　资本公积——股本溢价　　　　　　　　　　　　　　2 400 000

四、实收资本变动的核算

（一）实收资本（或股本）增加的核算

实收资本（或股本）增加的核算如图6-3所示。

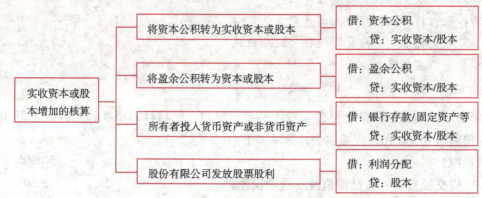

图6-3 实收资本（或股本）增加的核算

☞ 想一想

（1）将盈余公积或资本公积转为实收资本（或股本）是否会引起所有者权益总额的变动？

（2）宣告发放股票股利是否影响股东的持股比例？

（二）实收资本减少的核算

服务业企业实收资本减少的原因主要有两种：一是企业发生重大亏损，短期内无力弥补；二是资本过剩。企业因资本过剩而减资，一般要发还投资或回购股票。

☞ 知识链接

（1）一般企业和有限责任公司发还投资的会计处理：

借：实收资本

　　贷：库存现金/银行存款等

（2）股份有限公司减少注册资本的会计处理：

①回购本公司股份时

借：库存股

　　贷：银行存款

②注销库存股时，回购价格超过股本的部分，先冲减"资本公积"，再依次冲减"盈余公积"和"利润分配——未分配利润"，具体会计分录如下。

借：股本

　　资本公积——股本溢价

　　盈余公积

　　利润分配——未分配利润

　　贷：库存股

任务三　认知资本公积

引导案例

张某开办注册资本为240万元的服务性公司，公司经营业绩一直良好，现王先生自愿投入60万元，占其公司股份的20%。

思考：（1）该公司接受王先生的投资，应确认实收资本金额为多少？

（2）王先生出资超过实收资本的金额是多少？应计入哪个会计科目？

（3）王先生出资超过实收资本的部分是否由王先生以投资人身份单独享有？

一、资本公积的概念

资本公积是企业收到投资者超出其在企业注册资本（或股本）中所占份额的投资，以及直接计入所有者权益的利得和损失等。

> **提示**
> 资本公积按照全部投资者的投入比例，由所有的投资者享有。例如，以资本公积转增资本时，各个投资者或股东，按其在实收资本或股本中所占比例计算应享有的金额。

资本公积的来源如图6-4所示。

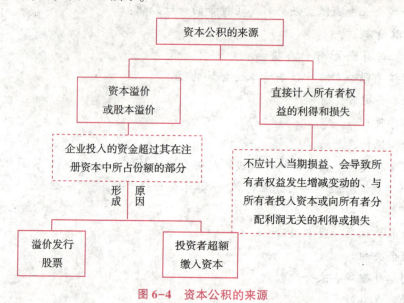

图6-4 资本公积的来源

二、资本公积的核算

（一）资本公积账户的设置

服务业企业应设置"资本公积"账户来核算其取得的资本公积的增减变动情况，其结构如表6-4所示。该账户应按资本公积形成的来源进行明细核算，在"资本公积"下设置"资本溢价"或"股本溢价""其他资本公积"等明细科目。

表6-4 "资本公积"账户

借方	贷方
资本公积的减少额	资本公积的增加额
	期末余额：企业资本公积的实有额

> **想一想**
> 引起服务业企业资本公积减少的实例有哪些？

（二）资本公积的核算

1. 资本溢价的核算

资本溢价是指有限责任公司投资者交付的出资额大于按合同协议所规定的出资比例计算的部分。

> ☞ **知识链接**
>
> 服务业企业收到投资者投入的资本时：
> 借：银行存款/固定资产/无形资产/原材料等
> 　　应交税费——应交增值税（进项税额）
> 　贷：实收资本
> 　　　资本公积——资本溢价

【例6-4】某服务业企业由甲、乙两位各出资225万元注册成立。经过3年的经营后，丙投资者以实际出资300万元，占有该公司1/3的股份为条件加入该公司。该企业变更登记后注册资本变为675万元，甲、乙、丙3位投资者各占1/3的股份。企业收到丙的出资时，做会计分录如下。

借：银行存款　　　　　　　　　　　　　　　　　　　3 000 000
　贷：实收资本　　　　　　　　　　　　　　　　　　　2 250 000
　　　资本公积——资本溢价　　　　　　　　　　　　　　750 000

> **知识拓展**
>
> 产生资本溢价的主要原因是企业在增资扩股时有新的投资者参股。
>
> 在企业创立时，原出资者认缴的出资额全部计入"实收资本"科目，而在企业重组有新的投资者加入时，为了维护原有投资者的权益，新加入者要付出大于原有投资者的出资额，才能取得与原有投资者相同的投资比例。

2. 股本溢价的核算

股本溢价是指股份有限公司溢价发行股票时实际收到的款项超过股票面值总额的数额。

> ☞ **知识链接**
>
> 股份制企业发行股票时：
> 借：库存现金/银行存款
> 　贷：股本
> 　　　资本公积——股本溢价

股份有限公司发行股票支付的手续费、佣金、印刷成本等发行费用，属于溢价发行的，从溢价中抵消，无溢价或溢价不足以支付的部分，依次从盈余公积、未分配利润中扣除。

【例6-5】某公司委托证券公司代理发行股票500万股，每股面值1元，与证券公司约定,按发行收入的2%收取手续费、咨询费等,并从发行收入中扣除。假设已收到股票款,并存入银行。

(1) 若溢价发行,发行价格为5元,应做会计分录如下。

借:银行存款   24 500 000
    贷:股本   5 000 000
        资本公积——股本溢价   19 500 000

(2) 按面值发行,应做会计分录如下。

借:银行存款   4 900 000
    资本公积——股本溢价   100 000
    贷:股本   5 000 000

3. 其他资本公积的核算

其他资本公积是指企业资本溢价或股本溢价项目外所形成的资本公积,主要包括直接计入所有者权益的利得和损失。引起其他资本公积变动的交易或事项如图6-5所示。

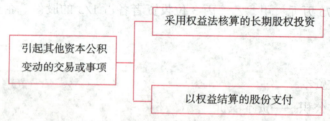

图6-5 引起其他资本公积变动的交易或事项

(1) 采用权益法核算的长期股权投资。长期股权投资采用权益法核算的,在持股比例不变的情况下,被投资单位除净损益以外的所有者权益的其他变动,服务业企业应按持股比例计算应享有的份额。

> **☞ 知识链接**
> 账务处理如下。
> 若为利得: 若为损失:
> 借:长期股权投资   借:资本公积——其他资本公积
>   贷:资本公积——其他资本公积   贷:长期股权投资
> 处置时:将原计入资本公积的相关金额转入投资收益

(2) 以权益结算的股份支付。以权益结算的股份支付(如股票期权)换取职工或其他地方提供服务的,应按照确定的金额,计入"管理费用"等科目,同时增加"资本公积——其他资本公积"。

> **☞ 想一想**
> 服务业企业的资本公积是否与企业的净利润有一定的关系?

任务四　认知留存收益

引导案例

张某开办的服务性公司运营良好，第3年实现了180万元的收入，并产生了120万元的成本，且未进行利润分配。张某、李先生及王先生3位股东共同商议，决定从净利润中按10%提取一部分资金作为积累资金，用于其他专门用途。

思考：(1) 该公司不分配利润及提取积累资金的做法是否符合规定？

(2) 若符合规定，该公司未进行分配的利润和提取的积累资金应如何进行会计核算？若不符合规定，请指明正确的做法。

一、盈余公积的核算

(一) 盈余公积概述

1. 盈余公积的含义

盈余公积是指服务业企业按照规定从净利润中提取的积累资金。盈余公积的内容如图6-6所示。

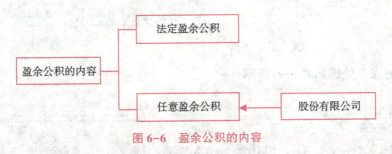

图6-6　盈余公积的内容

知识链接

法定盈余公积：指服务业企业按照法律规定的比例从净利润中提取，以备需要时动用的资金。我国规定法定盈余公积按净利润10%提取，当提取的此项公积金达到注册资本的50%时，可不再提取。

任意盈余公积：指股份有限公司未经股东大会或类似机构批准，按规定的比例从净利润中提取，以备需要时动用的资金。但此项公积金必须在公司发放了优先股股利后才能提取。

2. 盈余公积的用途

盈余公积的用途如图 6-7 所示。

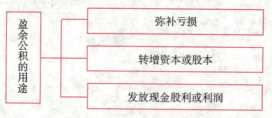

图 6-7 盈余公积的用途

> ☞ 提示
>
> 将盈余公积用于转增资本（或股本）、发放现金股利（或利润）的，留存的法定盈余公积不得少于注册资本的 25%。

（二）盈余公积的核算

1. 盈余公积账户的设置

服务业企业为了核算盈余公积的提取和使用等增减变动，应设置"盈余公积"账户，其结构如表 6-5 所示。

表 6-5 "盈余公积"账户

借方	贷方
盈余公积的使用数额	盈余公积的提取数额
	期末余额：提取的盈余公积的余额

2. 盈余公积的账务处理

盈余公积的账务处理如表 6-6 所示。

表 6-6 盈余公积的账务处理

具体经济业务	借方	贷方
提取法定盈余公积	利润分配——提取法定盈余公积	盈余公积——法定盈余公积
提取任意盈余公积	利润分配——提取任意盈余公积	盈余公积——任意盈余公积
用盈余公积弥补亏损	盈余公积	利润分配——盈余公积弥补亏损
用盈余公积转增资本或股本	盈余公积	实收资本/股本
用盈余公积发放利润或现金股利	盈余公积	应付利润/应付股利

【例 6-6】 某服务业企业当年实现净利润 200 万元，按税后利润 10% 的比例提取法定盈余公积，并按董事会决议，提取 15% 的任意盈余公积。应编制会计分录如下。

借：利润分配——提取法定盈余公积　　　　　　　　　　　　　　200 000
　　　　　　　——提取任意盈余公积　　　　　　　　　　　　　　300 000

  贷：盈余公积——提取法定盈余公积   200 000
     ——提取任意盈余公积   300 000

【例 6-7】某服务业企业当年亏损 30 000 元，用结存的盈余公积弥补亏损。应编制会计分录如下。

  借：盈余公积   30 000
   贷：利润分配——盈余公积弥补亏损   30 000

【例 6-8】某服务业企业年终用盈余公积 18 000 元转增资本。应编制会计分录如下。

  借：盈余公积   18 000
   贷：实收资本   18 000

【例 6-9】某服务业企业决定以盈余公积 50 000 元分配现金股利。应编制会计分录如下。

  借：盈余公积   50 000
   贷：应付股利   50 000

> **☞ 想一想**
>
> 以下说法是否正确。
> (1) 企业提取的法定盈余公积达到注册资本的 50% 以后不能再提取。
> (2) 所有企业都可以提取任意盈余公积金。
> (3) 任意盈余公积金可与法定盈余公积金同时提取。

二、未分配利润的核算

（一）未分配利润的含义

未分配利润是指服务业企业留于以后年度分配的结存利润。未分配利润是服务业企业期初未分配利润，加上本期实现的净利润，减去提取的各种盈余公积和向投资者分配的利润后的余额。

> **☞ 提示**
>
> 企业为了平衡各会计年度的投资回报水平，以丰补歉、留有余地等原因，可以留有一部分净利润不予以分配，从而形成未分配利润。

未分配利润的两层含义如图 6-8 所示。

图 6-8 未分配利润的两层含义

（二）未分配利润的核算

服务业企业应设置"利润分配——未分配利润"账户来核算企业历年累积的未分配利润。该账户的贷方余额表示历年留存的未分配利润，若出现借方余额，则表示历年未弥补的亏损。

年度终了，服务业企业应将全年实现的净利润自"本年利润"科目的贷方转入"利润分配——未分配利润"科目的借方。若为亏损，则做相反处理。同时将利润分配的其他明细科目的余额（如提取法定盈余公积、应付股利等）转入"未分配利润"明细科目。

> ☞ 想一想
> 服务业企业的未分配利润是否与净利润息息相关？

项目七

营业收入

知识目标

- 了解服务业企业营业收入的主要构成。
- 掌握客房业务收入的核算。
- 掌握餐饮业务收入的账务处理。
- 掌握商品业务收入的核算。
- 了解其他业务收入的核算。

技能目标

- 能区分服务业企业的不同业务收入。
- 能够规范地编制业务收入相关会计分录。
- 能运用相关知识分析案例。

项目七 营业收入

知识导图

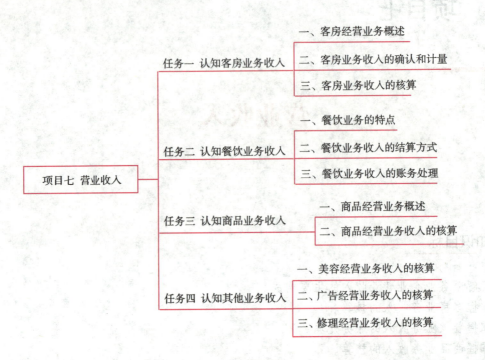

任务一　认知客房业务收入

引导案例

某酒店的房客李先生于××年10月1日办妥入住手续，实际于10月2日入住。该酒店客房标准房价为400元/天，由于李先生入住时间为国庆黄金周，因此客房价格涨至600元/天。该酒店会计确认客房收入的入账时间为10月2日，入账金额按400元/天计算。

思考：该酒店会计的处理是否正确？若不正确，请指出不当之处。

一、客房经营业务概述

客房经营业务是指以提供住房、生活设施的使用和服务人员的劳动来满足客人的需要，并收取一定费用的服务业务。经营客房业务的企业有宾馆、饭店、酒店和旅社等。

服务业企业的客房是一种特殊的商品，不出售所有权，只出售使用权，即将同一间客房的使用权在不同时期内反复销售，可以不断地获取收益。

服务业企业的客房可以出租但不能储存，如果在规定时间内不出售，则其效用就会自然消失，销售无法实现，价值便无法收回。因此，相关服务业企业应积极开展客房的营销活动，尽量减少客房闲置，以增加营业收入。

二、客房业务收入的确认和计量

（一）客房业务收入的确认

客房业务收入是指宾馆、饭店等服务业企业向宾客提供房间住宿及相应的服务而取得的营业收入。相关服务业企业应按权责发生制的要求来确认收入。

客房一经出租，即客人办妥入住客房登记手续，则不论房租收到与否，都作为销售处理。因此，客房业务收入应以客房实际出租时间作为入账时间。

（二）客房业务收入的计量

客房业务收入的计量是指确定客房销售收入的入账价格。客房出租的价格有标准房价、团队房价、合同房价等多种。

> **提示**
> 宾馆、饭店等企业的营销策略通常是对不同时期、不同的客源，以标准房价为基础，随着供求关系的变化，制定不同价格的房价。

标准房价是指宾馆、饭店等价目表上公开列示的客房价格。其通常是给予散客的房价。

团队房价通常是指旅游公司事先与宾馆、饭店的业务部门订立团队客人入住的客房价格。团队房价通常在标准房价的基础上给予一定的折扣。

合同房价是指对办公房和商务房等长期用房客户以合同形式确定的客房价格。

> **知识链接**
> 客房实际出租的价格才是客房业务收入的入账价格。实际出租房价是指宾馆、饭店实际向客人收取的客房价格。

> **知识拓展**
> 客房业务收入通常按天数、分时段计算，自宾客入住客房之日起，至次日中午12时止，收取一天的房价；至次日中午12时以后，傍晚6时前止，加收半天房价；至次日傍晚6时以后，则加收一天房价。

三、客房业务收入的核算

宾馆、饭店的总服务台负责办理客房的预定、接待、入住登记、查询、退房、结账及营业日记簿的登记等工作。宾客办理入住手续时，首先要在总台登记"宾客住宿登记表"，第一联留存总台，第二联交服务员安排客房。

客房业务收款方式如图7-1所示。

图7-1 客房业务收款方式

不论采用哪种收款方式，针对宾馆、饭店的客房业务收入，在会计上都应设置"主营业务收入"账户进行核算。该账户属于损益类账户，期末应将该账户余额转入"本年利润"账户，结转后该账户应无余额。该账户结构如表7-1所示。

表7-1 "主营业务收入"账户

借方	贷方
结转至本年利润的金额	本月实现的营业收入

（一）应收制客房业务收入的核算

应收制是指宾客进住酒店后，不用提前支付房费，可定期或在离店时再结算。采用应收制收款方式时，会计部门每日要根据总台编制的"客房营业日报表"进行账务处理。应收制客房业务收入的账户处理如表7-2所示。

表7-2 应收制客房业务收入的账务处理

确认实际应收的房款时	实际结算房款时

借：应收账款——客房欠款
  贷：主营业务收入——客房收入
      应交税费——应交增值税（销项税额）
	借：库存现金/银行存款
	    财务费用（信用卡结算手续费）
	  贷：应收账款——客房欠款

☞ 提示

宾馆、饭店应设稽核岗位，由稽核人员检查房费收入正确无误后，就可编制"客房营业日报表"，审核无误后，转交会计部门，作为登记客房收入的依据。

【例7-1】浦江酒店××年10月1日客房营业收入日报表如表7-3所示。

任务一　认知客房业务收入

表7-3　浦江酒店营业收入日报表

××年10月1日　　　　　　　　　　　　　　　　　　　　　　　单位：元

营业收入					预收房费		备注
	单人房	标准房	套房	合计			
房费	5 400	24 500	7 200	37 100	上日结存	86 440	
加床					本日应收	38 160	
饮料	80	400	156	636	本日交付	37 620	
食品	94	250	80	424	其中：现金	19 600	
其他					支票结算	18 020	
					信用卡结算		
合计	5 574	25 150	7 436	38 160	本日结存	86 980	
出租客房间数：144间		空置客房间数：16间			长款　　　　短款		

收款人：张三　　　　　　　　交款人：李四　　　　　　　　制表人：王五

（1）根据营业收入日报表中的"营业收入"栏的金额和相关凭证，应编制会计分录如下。

借：应收账款　　　　　　　　　　　　　　　　　　　　　38 160
　　贷：主营业务收入——房费　　　　　　　　　　　　　　35 000
　　　　　　　　　　——饮料　　　　　　　　　　　　　　　600
　　　　　　　　　　——食品　　　　　　　　　　　　　　　400
　　　　应交税费——应交增值税（销项税额）　　　　　　2 160

（2）根据营业收入日报表中"本日交付"栏的金额和进账单回单，应编制会计分录如下。

借：库存现金　　　　　　　　　　　　　　　　　　　　19 600
　　银行存款　　　　　　　　　　　　　　　　　　　　18 020
　　贷：应收账款　　　　　　　　　　　　　　　　　　　37 620

（二）预收制客房业务收入的核算

预收制是指酒店在为宾客提供服务前，根据其准备住店的天数预收部分或全部房费。采用预收制时，会计部门应根据"客房营业日报表"及相关凭证进行账务处理，如表7-4所示。

表7-4　预收制客房业务收入的账务处理

确认实际应收的房款时	实际结算房款时
借：库存现金/银行存款 　　财务费用（信用卡结算的手续费） 　　贷：预收账款——预收房费	借：预收账款——预收房费 　　贷：主营业务收入——客房收入 　　　　应交税费——应交增值税（销项税额）

【例7-2】 浦江酒店××年11月1日客房营业收入日报表如表7-5所示。

（1）根据营业收入日报表中的"营业收入"栏的金额，应编制会计分录如下。

借：预收账款——预收房费　　　　　　　　　　　　　　23 850
　　贷：主营业务收入——房费　　　　　　　　　　　　　22 000
　　　　　　　　　　——饮料　　　　　　　　　　　　　　300
　　　　　　　　　　——食品　　　　　　　　　　　　　　200
　　　　应交税费——应交增值税（销项税额）　　　　　1 350

111

项目七 营业收入

（2）根据营业收入日报表中"本日交付"栏的金额和进账单回单，做如下会计分录。

借：库存现金　　　　　　　　　　　　　　　　　　　　　　10 400
　　银行存款　　　　　　　　　　　　　　　　　　　　　　19 840
　　财务费用　　　　　　　　　　　　　　　　　　　　　　　　160
　贷：预收账款——预收房费　　　　　　　　　　　　　　　30 400

表7-5　浦江酒店营业收入日报表

××年11月1日　　　　　　　　　　　　　　　　　　　　　　单位：元

	营业收入				预收房费		备注
	单人房	标准房	套房	合计			
房费	4 920	12 400	6 000	23 320	上日结存	52 000	
加床					本日应收	23 850	
饮料	90	184	44	318	本日交付	30 400	信用卡结算手续费为2%
食品	60	116	36	212	其中：现金	10 400	
其他					支票结算	12 000	
					信用卡结算	8 000	
合计	5 070	12 700	6 080	23 850	本日结存	45 450	
出租客房间数：126间　空置客房间数：34间					长款：　　短款：		

收款人：张三　　　　　　　　　交款人：李四　　　　　　　　　制表人：王五

☞ **想一想**

在快捷支付的大环境下，客房业务收入的款项结算方式有哪些？其所涉及的提现手续费应如何进行账务处理？

任务二　认知餐饮业务收入

引导案例

在讨论对餐饮业务的认识时，某同学认为餐饮业务是将直接生产的饮食制品，随时随地供给客人就地消费的一种特殊业务。因此，零售商店销售即热即食的食品，并提供就餐场所，也属于餐饮收入的核算范畴。

思考：该同学的说法是否正确，并说明理由。

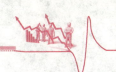

一、餐饮业务的特点

餐饮业务的特点如图 7-2 所示。

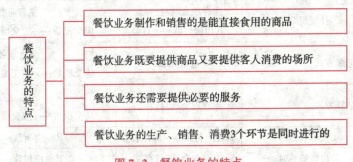

图 7-2　餐饮业务的特点

饮食制品的生产一般是先有买主，然后生产，或者边生产边销售，生产、销售、消费整个过程时间很短。因此，资金周转快，需用资金相对较少。

二、餐饮业务收入的结算方式

餐饮业务收入的结算方式如图 7-3 所示。

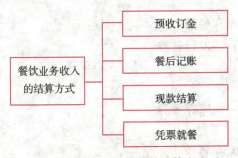

图 7-3　餐饮业务收入的结算方式

> **☞ 知识链接**
> （1）预收订金是指在接受团体或个人预订餐时，为减少可能出现的损失，按预订餐售价的一定比例预收订金。
> （2）餐后记账是指在宾客用餐完毕后，不必现付，凭住房卡在账单上签字。
> （3）现款结算是指宾客在用餐完毕后直接付现结账。
> （4）凭票就餐是指为了方便店内宾客，预先收款发行的内部有价票券。

三、餐饮业务收入的账务处理

餐饮业务收入的账务处理如表 7-6 所示。

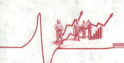

项目七 营业收入

表 7-6 餐饮业务收入的账务处理

具体经济业务		借方	贷方
预收订金方式	预收订金时	库存现金/银行存款	其他应付款——订金
	补交现款时	库存现金/银行存款 其他应付款——订金	主营业务收入 应交税费——应交增值税（销项税额）
餐后记账方式		应收账款	主营业务收入 应交税费——应交增值税（销项税额）
现款结算方式		库存现金/银行存款	主营业务收入 应交税费——应交增值税（销项税额）
凭票就餐方式	发行餐券时	其他应付款——库存餐券	其他应付款——发行餐券
	出售餐券时	库存现金/银行存款	其他应付款——库存餐券
	收回餐券时	其他应付款——库存餐券	主营业务收入 应交税费——应交增值税（销项税额）
	餐券清点作废时	其他应付款——库存餐券	其他应付款——库存餐券

【例 7-3】 某饭店发行 50 000 元内部餐券，当月出售 40 000 元，收回 38 160 元。应做如下会计分录。

(1) 发行时：

借：其他应付款——库存餐券　　　　　　　　　　　　　　50 000
　　贷：其他应付款——发行餐券　　　　　　　　　　　　　50 000

(2) 出售餐券时：

借：银行存款　　　　　　　　　　　　　　　　　　　　　40 000
　　贷：其他应付款——库存餐券　　　　　　　　　　　　　40 000

(3) 收回餐券时：

借：其他应付款——库存餐券　　　　　　　　　　　　　　38 160
　　贷：主营业务收入——餐饮收入　　　　　　　　　　　　36 000
　　　　应交税费——应交增值税（进项税额）　　　　　　　2 160

【例 7-4】 某饭店接受七彩公司预定的宴会 10 桌，预收订金 3 000 元。宴会结束后，实际结算宴会款 12 720 元，收到七彩公司签发的补付宴会款支票一张。根据有关凭证，做如下会计分录。

(1) 收到订金时：

借：银行存款　　　　　　　　　　　　　　　　　　　　　3 000
　　贷：其他应付款——订金　　　　　　　　　　　　　　　3 000

(2) 宴会结束，结算应收款项时：

借：银行存款　　　　　　　　　　　　　　　　　　　　　9 720
　　其他应付款——订金　　　　　　　　　　　　　　　　　3 000
　　贷：主营业务收入——餐饮收入　　　　　　　　　　　　12 000
　　　　应交税费——应交增值税（进项税额）　　　　　　　720

> **想一想**
> 餐饮业务收入应按标价确认还是按实际收款数额确认？

任务三 认知商品业务收入

引导案例

某饭店商场部本月因商品质量问题产生销售退回 3 000 元，并办妥退货手续。已知该商品成本 2 000 元。该饭店会计人员编制会计分录如下。

借：销售费用　　　　　　　　　　　　　　　　　　　　3 000
　　应交税费——应交增值税（销项税额）　　　　　　　　 390
　　贷：银行存款　　　　　　　　　　　　　　　　　　　　 3 390
借：库存商品　　　　　　　　　　　　　　　　　　　　2 000
　　贷：销售费用　　　　　　　　　　　　　　　　　　　　 2 000

思考：上述会计处理是否正确？若不正确，应如何更正？

一、商品经营业务概述

（一）商品经营业务的特点

商品经营业务的特点如图 7-4 所示。

```
              ┌── 民俗性：具有国家、民族、风俗、地域等特点
商品经营业务  ├── 简便性：销售手续简单、方便迅速，一般不需要填制销货凭证
的特点        └── 小型化：商场的规模一般较小，商品大部分陈列储存在本门市或商店
```

图 7-4　商品经营业务的特点

（二）商品经营业务的收款方式

服务业企业商品经营业务收入一般采取"一手钱一手货"的柜台现金交易方式。商品经营业务的收款方式如表 7-7 所示。

表 7-7　商品经营业务的收款方式

收款方式	具体做法	优缺点
售货员直接收款	在商品交易过程中，售货员一手收款，一手卖货，既管钱又管物	手续简便，方便宾客，但发生差错后不易查找
集中收款	设收款台配备专职收银员，实行钱物分离。售货员只负责卖货，货款由宾客直接交到收银台	能够加强钱物管理，减少差错，但不便于选购商品

不论采用哪种收款方式,服务业企业均应加强对销售货款的管理。各柜组应于每日营业终了点清销货款,并由实物负责人或收银员填制"商品销售日报表"和"内部缴款单",连同货款一并送总服务台或会计部门。

二、商品经营业务收入的核算

(一)商品经营业务的核算方法

服务业企业经营商品的业务的会计核算主要采取售价金额核算法。

> **知识链接**
>
> 售价金额核算法又称为售价金额实物负责制,是以售价总金额控制各实物负责人经营商品的进、销、存变动情况的一种商品核算方法。

售价金额核算法的特点如图7-5所示。

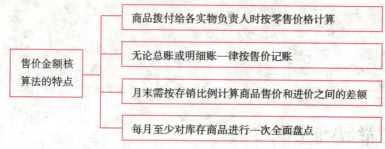

图7-5 售价金额核算法的特点

(二)商品经营业务收入的账务处理

商品经营业务收入的账务处理如表7-8所示。

表7-8 商品经营业务收入的账务处理

具体经济业务	借方	贷方
销售商品时,按实际售价	银行存款、应收账款等	主营业务收入 应交税费——应交增值税(销项税额)
因质量、品类不合格等问题产生退货	主营业务收入 应交税费——应交增值税(销项税额)	银行存款、应付账款等

由于服务业企业商品的销售对象主要是个人消费者,因此对成交的每笔销售业务,一般都只填制普通发票,增值税包含在货款之中。

> **知识链接**
>
> 会计部门在核算商品零售收入时,应将含增值税的销售收入换算为不含税的销售收入。换算公式为:
>
> 不含税的销售收入=含增值税的销售收入÷(1+增值税税率或征收率)
>
> 增值税销项税额=不含税的销售收入×增值税税率或征收率

【例 7-5】 某饭店附设商场××年 5 月 6 日的收入为：百货柜销货金额为 10 440 元、食品柜销货金额为 3 480 元。应编制会计分录如下。

  借：银行存款   13 560
    贷：主营业务收入——商品销售收入（百货柜）   9 000
        ——商品销售收入（食品柜）   3 000
      应交税费——应交增值税（销项税额）   1 560

【例 7-6】 5 月 8 日，因商品质量问题，一位宾客要求退其购买的 678 元服装，该商场经审核后为其办妥退货手续。根据相关退货凭证，应编制会计分录如下。

  借：主营业务收入——商品销售收入（百货柜）   600
    应交税费——应交增值税（销项税额）   78
    贷：银行存款   678

☞ **想一想**

服务业企业商品经营业务的会计处理与商品零售企业有无区别？

任务四　认知其他业务收入

引导案例

某美容公司为了招揽顾客，发售 500 张金额 1 000 元的消费卡，承诺对持卡的消费者于实际消费时给予 6 折优惠。××年 10 月 5 日，该公司销售了 100 张消费卡，会计人员根据收款凭证编制会计分录如下。

  借：银行存款   100 000
    贷：主营业务收入   94 339.62
      应交税费——应交增值税（销项税额）   5 660.38

思考： 上述会计处理是否正确？说明理由。

一、美容经营业务收入的核算

美容经营业务收入主要是指皮肤护理、女生活妆、女晚妆、单剪、单洗、烫发、焗油等服务项目的收入。美容服务业企业应按照其所属的等级水平和具体服务项目的收费标准收费，并在营业厅内明码标价，严格按规定牌价收费。

美容服务业企业为了招揽消费者，往往发售一定金额的消费卡，对持卡的消费者给予一定幅度的折扣优惠。发售消费卡既预收了账款，又吸收了长期稳定的消费者。

美容经营业务的收款方式如图 7-6 所示。

项目七　营业收入

图 7-6　美容经营业务的收款方式

无论采用哪种方式，每日营业终了，收款员和会计人员都需要对款项进行核对，核对无误后填制"营业收入日报表"，会计部门根据"营业收入日报表"进行账务处理。美容经营业务收入的账务处理如表 7-9 所示。

表 7-9　美容经营业务收入的账务处理

具体经济业务	借方	贷方
预收款项	库存现金/银行存款	预收账款
根据日报表确认收入	库存现金、银行存款、应收账款、预收账款	主营业务收入 应交税费——应交增值税（销项税额）

二、广告经营业务收入的核算

广告是指商品经营者或服务提供者承担费用，通过一定媒介和形式直接或间接地介绍所推销的商品或所提供的服务的商业化大众传播。

☞ 提示

广告经营业务涉及广告主、广告经营者和广告发布者 3 个方面。

在广告制作方面，广告企业一般于广告制作前根据合同约定预先收取部分款项，并于广告制作完成时确认收入；在广告发布方面，按合同约定的日期发布广告后，可确认收入。其具体账务处理如表 7-10 所示。

表 7-10　广告经营业务收入的账务处理

具体经济业务		借方	贷方
广告制作	预收广告款	库存现金/银行存款	预收账款
	广告制作完成，确认收入	银行存款/应收账款/预收账款	主营业务收入 应交税费——应交增值税（销项税额）
广告发布		银行存款/应收账款	主营业务收入 应交税费——应交增值税（销项税额）

三、修理经营业务收入的核算

修理经营业务是指修理人员应用设备、工具、材料，以一定的技艺技巧从事修复、整新

任务四 认知其他业务收入

各种用具和用品。修理起到了延长用具、用品使用寿命，以及节约社会财富的作用。

☞ **知识链接**

修理经营业务的特点如下。
（1）服务面广、修理对象复杂，经营方式和收款方式多种多样。
（2）劳动生产率、机械化程度相对较低，大多经济效益不高。
（3）涉及面广，有利于整个社会节约物资，其社会效益不可估量。

修理经营业务的收款方式如图7-7所示。

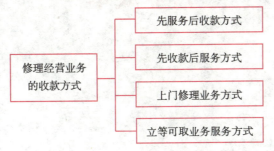

图7-7 修理经营业务的收款方式

修理经营业务收入的账务处理如表7-11所示。

表7-11 修理经营业务收入的账务处理

收款方式	具体经济业务	借方	贷方
先服务后收款	完成修理服务	应收账款	主营业务收入 应交税费——应交增值税（销项税额）
	收到款项	库存现金/银行存款	应收账款
先收款后服务	预收款项	库存现金/银行存款	预收账款
	完成修理服务	预收账款/银行存款/库存现金	主营业务收入 应交税费——应交增值税（销项税额）
上门修理	完成修理服务	库存现金/银行存款	主营业务收入 应交税费——应交增值税（销项税额）
立等可取	完成修理服务	库存现金/银行存款	主营业务收入 应交税费——应交增值税（销项税额）

☞ **想一想**

美容经营业务收入、广告经营业务收入和修理经营业务收入的会计核算有何不同之处？

项目八

营业成本

知识目标

- 了解客房营业成本的含义、营业成本的特殊规定。
- 掌握餐饮业务原材料成本的核算。
- 掌握商品经营业务商品购进的核算。

技能目标

- 能区分营业成本和期间费用。
- 能够规范地编制营业成本相关会计分录。
- 能运用相关知识分析案例。

任务一　认知客房营业成本

知识导图

项目八　营业成本
- 任务一　认知客房营业成本
  - 一、客房营业成本的核算
  - 二、客房主营业务成本的核算
  - 三、客房营业成本的特殊规定
- 任务二　认知餐饮原材料成本
  - 一、餐饮业务成本核算的特点
  - 二、餐饮原材料成本的核算方法
  - 三、餐饮原材料成本的账务处理
- 任务三　认知商品销售成本
  - 一、商品购进的核算
  - 二、商品销售成本的核算
  - 三、已销商品进销差价的计算与结转
- 任务四　认知其他营业成本
  - 一、美容经营业务成本的核算
  - 二、广告经营业务成本的核算
  - 三、修理经营业务成本的核算

任务一　认知客房营业成本

引导案例

某酒店计提本月应付职工绩效工资 40 000 元，其中客房部职工工资 30 000 元，餐饮部职工工资 25 000 元，管理部门人员工资 10 000 元。会计人员根据有关凭证编制会计分录如下：

借：主营业务成本　　　　　　　　　　　　　　　　　　　30 000
　　销售费用　　　　　　　　　　　　　　　　　　　　　25 000
　　管理费用　　　　　　　　　　　　　　　　　　　　　10 000
　　贷：应付职工薪酬　　　　　　　　　　　　　　　　　　　　65 000

思考：上述会计处理是否正确？若不正确，应如何更正？

一、客房营业成本的核算

客房营业成本是指在为宾客提供服务过程中所耗费的人力、物力、财力的货币表现。

由于客房具有一次性投资较大,日常经营中耗费物资较小,营业周期较短,各类经营业务间相互交叉,直接费用和间接费用不易划分等特点,造成了计算客房营业成本的困难,而且计算的成本也不准确。

二、客房主营业务成本的核算

为了正确核算营业成本,服务业企业应设置"主营业务成本"账户,可按具体项目设置明细账。"主营业务成本"账户属于损益类账户,其结构如表8-1所示。

表8-1 "主营业务成本"账户

借方	贷方
客房增加的营业成本	客房减少的营业成本,期末若有余额做假退库处理

【例8-1】某酒店客房部本月从仓库领用商品6 000元,洗衣房本月从仓库领用洗涤用品一批8 000元,应编制会计分录如下。

借:主营业务成本——客房部——商品　　　　　　　　　　　　6 000
　　　　　　　　——客房部——洗涤用品　　　　　　　　　　8 000
　　贷:原材料——食品原材料　　　　　　　　　　　　　　　6 000
　　　　　　——物料用品　　　　　　　　　　　　　　　　　8 000

三、客房营业成本的特殊规定

从理论上看,客房经营过程中发生的各项直接耗费均应构成客房营业成本,但是,实际上客房中耗用的商品、洗衣房耗用的洗涤材料可作为主营业务成本核算外,客房其他日常费用开支较少,而且直接费用、间接费用不容易分清,为简化核算,一般都列作销售费用处理。

客房耗费中除计入主营业务成本以外的,其他费用都归入客房销售费用中。销售费用的内容如图8-1所示。

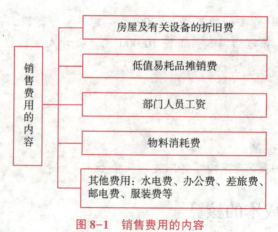

图8-1 销售费用的内容

服务性企业应设置"销售费用"账户,该账户属于损益类账户,其结构如表8-2所示。

表8-2 "销售费用"账户

借方	贷方
登记营业部门发生的各项费用	登记转出数,年末将账户余额转入"本年利润"账户,结转后账户无余额

【例8-2】 某酒店客房部在本月发生房屋设备折旧费100 000元,部门人员工资25 000元,客房用品消耗350 000元,水电费6 000元,办公费2 000元,差旅费4 000元。

(1) 计提折旧时,应编制会计分录如下。

借:销售费用——折旧费　　　　　　　　　　　　　　　100 000
　　贷:累计折旧　　　　　　　　　　　　　　　　　　　　100 000

(2) 分配客房部职工工资时,应编制会计分录如下。

借:销售费用——工资　　　　　　　　　　　　　　　　25 000
　　贷:应付职工薪酬　　　　　　　　　　　　　　　　　　25 000

(3) 客房部耗用各类用品时,应编制会计分录如下。

借:销售费用——物料销耗费　　　　　　　　　　　　　35 000
　　贷:原材料——物料销耗费　　　　　　　　　　　　　　35 000

(4) 客房部耗用水电费时,应编制会计分录如下。

借:销售费用——水电费　　　　　　　　　　　　　　　6 000
　　贷:银行存款　　　　　　　　　　　　　　　　　　　　6 000

(5) 客房部耗用办公用品时,应编制会计分录如下。

借:销售费用——办公用品费　　　　　　　　　　　　　2 000
　　贷:原材料——物料销耗费　　　　　　　　　　　　　　2 000

(6) 客房部人员出差时,应编制会计分录如下。

借:销售费用——差旅费　　　　　　　　　　　　　　　4 000
　　贷:银行存款　　　　　　　　　　　　　　　　　　　　4 000

在实际工作中,许多酒店对营业部门的营业费用按可控性来分类核算与管理,由于各部门不可控,因此就把折旧费、水电费等费用直接归到了管理费用中进行核算。在这里需要特别强调的是,酒店其他部门的一些服务项目,如行李员、预订、开房等工作所发生的费用,是直接为客房产品的销售服务的,所以这些费用应直接计入客房部门的销售费用中。销售费用核算应注意的问题如图8-2所示。

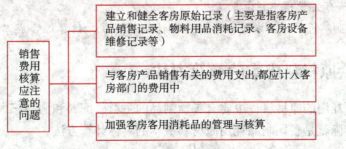

图8-2 销售费用核算应注意的问题

知识链接
按相关制度规定，服务业企业在进行客房部的会计核算时，可以不设立"主营业务成本"账户核算其成本，而将其提供服务而发生的各项支出，计入期间费用。

想一想
(1) 服务业企业哪些经营业务除了发生销售费用外，还发生营业成本？
(2) 不核算客房营业成本，是否意味着客房部没有营业成本？

任务二　认知餐饮原材料成本

引导案例

关于餐饮业务的营业成本，有以下几种说法。

说法一：餐饮经营业务的营业成本包含人工耗费和物料耗费。

说法二：餐饮经营业务每种饮食制品的材料成本应像工业企业那样分批、分件地进行成本计算。

思考：上述两种说法是否正确？并说明理由。

一、餐饮业务成本核算的特点

理论上，餐饮业务的营业成本应包含餐饮制品制作过程中的人工劳动耗费和物化劳动耗费，即包括原材料、燃料、机器设备和人工的耗费等。但由于餐饮经营业务生产周期短，常常将生产、销售和服务功能融为一体，很难将所发生的成本费用严格地对象化。同时，由于餐饮产品种类多、数量零星，无法一一计算每一种饮食制品的单位成本。

知识链接
餐饮业务成本核算的特点如下。

(1) 餐饮业务的产品成本只核算耗用的原材料成本，工资、折旧费、物料消耗和其他费用等均列入有关费用中核算。

(2) 餐饮业务的产品成本是以全部产品为核算对象，核算综合成本。

二、餐饮原材料成本的核算方法

餐饮制品所耗用的原材料，主要有餐饮制品的主料、配料和调料三大类。餐饮制品的成本核算方法，实际就是餐饮制品耗用原材料成本的具体计算方法。

> **知识链接**
>
> 餐饮原材料按其存放地点不同可分为以下两类。
>
> （1）入库管理类原材料：指购进量大、能较长时间储存的原材料，如粮油、干货、调味品等。在购进这列材料时应办理验收入库手续，由专人保管，设置材料明细账，建立领料制度，保持合理的储备数量。
>
> （2）不入库管理类原材料：指购进量少，且不能长时间储存的材料，如肉、鱼等鲜活材料。对于这类材料应随购随用，购入时直接交厨房验收使用。

餐饮制品成本的核算方法如图 8-3 所示。

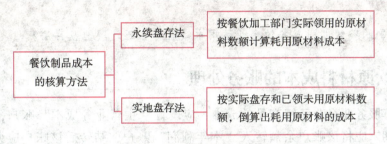

图 8-3　餐饮制品成本的核算方法

（一）永续盘存法

永续盘存法按厨房实际领用的原材料数额计算与结转已销餐饮产品的总成本。餐饮部门当月从仓库领用和从外部直接采购投入使用的材料价值，计入饮食制品的成本。月末盘点或估计已领未用餐饮材料、在制品和未销售制成品的价值，从本期领用材料的价值中扣除，并办理假退料手续。

> **提示**
>
> 办理假退料手续是指原材料实物不动，仍存放在厨房，只填制一份本月的退料单，表示余料已经退库；同时填制一份下月领料单，表示该余料作为下月的领料出库。

餐饮业务本期成本计算公式为：

本期已销餐饮产品成本＝月初主营业务成本余额＋本月主营业务成本账户发生额－
　　　　　　　　　　　月末厨房剩余原材料的盘存额

> **知识链接**
>
> 若当月领用的原材料厨房全部耗用，产品也全部售出，则领用原材料的合计额，即主营业务成本账户的借方发生额为本月已销餐饮产品的总成本。
>
> 若当月领用的原材料未在本月内用完，则计算已销餐饮产品总成本时，必须将未用完的材料成本扣除。

（二）实地盘存法

实地盘存法也称为盘存计耗用法，平时领用原材料时，不办理领料的核算手续，也不做领料的账务处理。月终将厨房已领未用原材料、在制品、制成品的盘点价值加上库存原材料的盘存金额，计算出耗用原材料成本的一种方法，即"以存计销"。其计算公式为：

本期已销餐饮产品成本＝期初原材料的结存金额＋本期原材料的购进金额－期末原材料的盘存金额

> **☞ 知识链接**
>
> 　　采用实地盘存法，手续简便，但因平时材料出库无据可查，易将材料的丢失、浪费和贪污等计入待售产品的成本中，不利于企业管理和减低成本。
> 　　采用永续盘存法，手续烦琐，但因平时材料出库有据可查，耗用材料成本计算较准确，可加强企业管理和降低成本。

> **☞ 想一想**
>
> 　　实行领料制的餐饮部门或餐饮企业适用永续盘存法还是实地盘存法？

三、餐饮原材料成本的账务处理

为综合核算服务业企业已销产品的成本，应设置"主营业务成本"账户，该账户属于损益类账户，期末应将该账户余额转入"本年利润"账户，结转后该账户应无余额。该账户的结构如表 8-3 所示。

表 8-3　"主营业务成本"账户

借方	贷方
本月已销餐饮产品成本	结转至本年利润的金额

餐饮经营业务成本的账务处理如表 8-4 所示。

表 8-4　餐饮经营业务成本的账务处理

具体经济业务		借方	贷方
从餐饮材料仓库领用材料		主营业务成本	原材料
随购随用材料		主营业务成本	库存现金/银行存款
内部厨房调拨材料		主营业务成本——××厨房	主营业务成本——××厨房
假退料	月末	原材料	主营业务成本
	下月初	主营业务成本	原材料

【例 8-3】某餐饮企业厨房从仓库领用面粉 100 千克，单价 3 元/千克，海参干 10 千克，单价 600 元/千克。根据领料凭证，应编制会计分录如下。

借：主营业务成本　　　　　　　　　　　　　　　　　　6 300
　　贷：原材料——面粉　　　　　　　　　　　　　　　　　300
　　　　　　——海参干　　　　　　　　　　　　　　　　6 000

【例 8-4】12 月 9 日从市场购入 30 千克鲜猪肉，单价 30 元/千克，金额 900 元，以现金支付，猪肉已由厨房直接验收领用，应编制会计分录如下。

借：主营业务成本　　　　　　　　　　　　　　　　　　　　　　　　900
　　贷：库存现金　　　　　　　　　　　　　　　　　　　　　　　　　　900

【例8-5】某酒店××年7月原材料月初余额12 500元，本月购进材料520 000元，月末盘点库存材料为7 200元，厨房已领用待销售未耗用原材料2 100元。应编制会计分录如下。

本月餐饮产品成本=12 500+520 000-7 200-2 100=523 200元

借：主营业务成本　　　　　　　　　　　　　　　　　　　　　　　523 200
　　贷：原材料　　　　　　　　　　　　　　　　　　　　　　　　　　523 200

任务三　认知商品销售成本

引导案例

某饭店商场部向本市百货批发购进商品一批，从供货单位取得增值税专用发票上列明商品进价金额为6 000元，增值税税额为780元，该批商品的售价金额为9 000元。签发转账支票支付货款及增值税税额，商品已验收入库。该饭店会计人员编制会计分录如下。

借：库存商品　　　　　　　　　　　　　　　　　　　　　　　　　6 000
　　应交税费——应交增值税（进项税额）　　　　　　　　　　　　　　780
　　贷：银行存款　　　　　　　　　　　　　　　　　　　　　　　　　6 780

思考：上述会计处理是否正确？若不正确，应如何更正？

一、商品购进的核算

（一）商品购进概述

服务业企业附属商场购进商品，可以从本地批发企业或生产厂家购进，也可以从外地或国外购进。购进商品的交接货方式如图8-4所示。

图8-4　购进商品的交接货方式

不论采用哪种方式，服务业企业都应于商品运到时认真组织验收工作，并于验收无误后填制"商品验收单"。会计部门收到"商品验收单"和所附原始凭证后，要认真审核进货数量、单价、金额等数字是否正确，有关手续是否完备。

（二）商品购进的会计核算

1. 商品进价的核算方法

商品进价的核算方法有进价金额核算法和售价金额核算法。为了加强实物负责制，服务业企业通常采用售价金额法核算库存商品的进价成本。

> **☞ 知识链接**
>
> 进价金额核算法是指在销售时仅反映收入，不结转已销商品成本，月末采用先进先出法、一次加权平均法、移动加权平均法等方法，一次计算已销售商品进价成本的方法。
>
> 售价金额核算法是指在销售商品后暂按售价结转成本，期末再采用一定的方法计算并结转销售商品实现的进销差价，将平时放映的售价成本调整为进价成本，即将售价成本中包含的进销差价剔除，求已销商品的进价成本的方法。

2. 相关账户的设置

为了核算服务业企业的商品购进业务，应设置"库存商品"和"商品进销差价"两个账户，具体结构如表 8-5 和表 8-6 所示。

表 8-5 "库存商品"账户

借方	贷方
购进商品的售价金额	按商品售价结转的销售商品的成本
库存商品的售价金额	

表 8-6 "商品进销差价"账户

借方	贷方
结转已销商品进销差价和商品短缺、调价减值和削价而减少的差价	商品购进、溢余、调价增值发生的差价
	期末库存商品的进销差价

> **☞ 知识链接**
>
> "库存商品"是资产类账户，用来核算企业自有的库存商品，包括存放在仓库、门市部和寄存在外的商品、委托其他单位代管、代销的商品、陈列展览的商品等。
>
> "商品进销差价"是资产类账户，为"库存商品"的抵减账户，用以核算商品售价和进价之间的差额。

3. 账务处理

服务业企业购进商品账务处理如下。

借：库存商品
　　应交税费——应交增值税（进项税额）
　贷：商品进销差价
　　　银行存款
　　　应付账款

【例8-6】某服务业企业下属商场某柜组购入一批商品,从供货单位取得的专用发票上列明商品价款为30 000元,增值税的进项税额为3 900元,该商品售价为36 000元。货款尚未支付,商品已验收入库。应编制会计分录如下。

借:库存商品　　　　　　　　　　　　　　　　　　　　　　　　36 000
　　应交税费——应交增值税(进项税额)　　　　　　　　　　　　3 900
　　贷:商品进销差价　　　　　　　　　　　　　　　　　　　　　6 000
　　　　应付账款　　　　　　　　　　　　　　　　　　　　　　33 900

知识拓展

按现行制度规定,库存商品应按实际成本计价。

国内购进商品的进价成本就是购进商品的原价,在购进商品过程中发生的一切进货费用和商品损耗不列入库存商品的进价成本,而应列入销售费用。

进口商品的进价成本包括到岸价、进口环节缴纳的税费等,其国内运输费、装卸费等支出不计入进价成本,而应列入销售费用。

二、商品销售成本的核算

服务业企业应设置"主营业务成本——商品销售成本"账户,用以核算和监督已销商品的销售成本情况,其结构如表8-7所示。

表8-7　"主营业务成本——商品销售成本"账户

借方	贷方
已销商品应结转的成本	冲销的进销差价数额

在售价金额核算法下,由于"库存商品"账户按售价记账,为了简化核算手续,日常销售商品时,只能按售价结转"主营业务成本"账户。月末计算出已销商品的进销差价后,再冲减"主营业务成本"账户,把按售价结转的营业成本调整为进价成本。

知识链接

日常发生商品销售业务时,除确认收入外,还应进行如下账务处理。

借:主营业务成本
　　贷:库存商品

【例8-7】某酒店附属商场××年9月15日的收入为:百货柜销货金额11 300元、食品柜销货金额55 650元。

(1)根据相关凭证,确认商品销售收入,应编制会计分录如下。

借:银行存款　　　　　　　　　　　　　　　　　　　　　　　　16 950
　　贷:主营业务收入——商品销售收入(百货柜)　　　　　　　10 000
　　　　　　　　　　——商品销售收入(食品柜)　　　　　　　 5 000
　　　　应交税费——应交增值税(销项税额)　　　　　　　　　 1 950

(2) 结转已销商品的成本，应编制会计分录如下。

借：主营业务成本——商品销售成本（百货柜） 10 000
　　　　　　　　——商品销售成本（食品柜） 5 000
　贷：主营业务收入——商品销售收入（百货柜） 10 000
　　　　　　　　——商品销售收入（食品柜） 5 000

三、已销商品进销差价的计算与结转

服务业企业可采用"综合差价率计算法"和"分类（或柜、组）差价率计算法"计算已销售商品实现的进销差价，再于年终结算前采用"盘存商品实际进销差价计算法"进行核算调整。

（一）综合差价率计算法

综合差价率计算法是指月末按照全部库存商品的存销比例分摊商品进销差价的一种方法。计算步骤如下。

第一步，计算综合差价率：

$$综合差价率 = \frac{期末分摊前"商品进销差价"账户余额}{期末"库存商品"账户余额 + 本月"主营业务收入"账户贷方发生额} \times 100\%$$

第二步，计算当月已销售商品实现的进销差价：

本期已销商品进销差价 = 本月"主营业务收入"账户的贷方发生额 × 综合差价率

第三步，根据计算结果，做会计分录：

借：商品进销差价
　贷：主营业务成本——商品销售成本

【例8-8】某饭店附属商场××年11月30日，"商品进销差价"分摊前有关账户余额如表8-8所示。

表8-8　各账户余额
××年11月30日　　　　　　　　　　　　　　单位：元

账户名称	余额或发生额
商品进销差价	35 600
主营业务收入	92 800
库存商品	68 500

$$综合差价率 = \frac{35\ 600}{68\ 500 + 92\ 800} \times 100\% = 22.07\%$$

已销商品应分摊的进销差价 = 92 800 × 22.07% = 20 480.96 元

根据计算结果结转已销售商品实现的进销差价，应编制会计分录如下。

借：商品进销差价 20 480.96
　贷：主营业务成本——商品销售成本 20 480.96

（二）分类（或柜、组）差价率计算法

分类（或柜、组）差价率计算法按商品的类别（或柜、组）计算相应的差价率和已销商品应分摊的进销差价的一种方法。其计算方法和综合差价率计算法相同，但要求每一类

（或柜、组）分别计算其差价率。

> **提示**
>
> 采用分类（或柜、组）差价率计算方法时，"库存商品""主营业务收入""主营业务成本"及"商品进销差价"账户均应按商品的大类（或柜、组）设置明细账。

【例 8-9】衔接例 8-8，假设该附属商场下设置百货柜和食品柜两个柜组，"商品进销差价"分摊前有关账户资料如表 8-9 所示。

表 8-9　各账户余额

×× 年 11 月 30 日　　　　　　　　　　　　　　　　　单位：元

营业柜组	分摊前商品进销差价账户余额	月末库存商品账户余额	主营业务收入账户贷方发生额
百货柜	18 700	41 200	60 300
食品柜	16 900	27 300	32 500
合计	35 600	68 500	92 800

$$百货柜综合差价率 = \frac{18\,700}{41\,200 + 60\,300} \times 100\% = 18.42\%$$

$$食品柜综合差价率 = \frac{16\,900}{27\,300 + 32\,500} \times 100\% = 28.26\%$$

百货柜已销商品应分摊的进销差价 = 60 300 × 18.42% = 11 107.26 元

食品柜已销商品应分摊的进销差价 = 32 500 × 28.26% = 9 184.50 元

根据计算结果结转已销售商品实现的进销差价，应编制会计分录如下。

借：商品进销差价——百货柜　　　　　　　　　　　　　11 107.26
　　　　　　　　——食品柜　　　　　　　　　　　　　　9 184.50
　贷：主营业务成本——商品销售成本（百货柜）　　　　11 107.26
　　　　　　　　——商品销售成本（食品柜）　　　　　　9 184.50

（三）盘存商品实际进销差价计算法

盘存商品实际进销差价计算法是先计算期末库存商品的进销差价，进而逆算出已销商品进销差价的一种方法。

> **知识链接**
>
> 盘存商品实际进销差价计算方法的具体核算步骤如下。
>
> 第一步，根据期末各种商品的盘存数量和进货单价逐一计算每种商品的进价金额，并在此基础上计算出各类或全部库存商品的进价总额。
>
> 第二步，用全部库存商品的售价总额减去进价总额，求出全部库存商品应保留的进销差价。
>
> 第三步，将期末"商品进销差价"账户调整前的账户余额调整为库存商品应保留的进销差价。

盘存商品实际进销差价计算方法的计算公式为：

期末库存商品进销差价 = 期末库存商品售价总额 - 期末库存商品进价总额

项目八 营业成本

已销商品进销差价=结转前"商品进销差价"账户余额-期末库存商品进销差价

【例8-10】某饭店附属商场采用盘存商品实际进销差价率法分摊已销商品的进销差价，××年12月31日，"商品进销差价"分摊前有关账户资料如表8-10所示。

表8-10 各账户余额

××年12月31日   单位：元

账户名称	金额
结转前商品进销差价账户余额	35 600
库存商品账户期末余额	68 500
库存商品进价总金额	47 800

期末库存商品进销差价=68 500-47 800=20 700元

已销商品进销差价=35 600-20 700=14 900元

根据计算结果结转已销售商品实现的进销差价，应编制会计分录如下。

借：商品进销差价   14 900

  贷：主营业务成本——商品销售成本   14 900

☞ 想一想

（1）3种已销商品的差价计算方法有何异同之处？

（2）3种已销商品的差价计算方法的适用范围。

任务四　认知其他营业成本

引导案例

某广告公司准备在东西高架桥设置30只灯箱广告，并向东西高架桥管理公司租用设置灯箱广告的场地，租期3年，年租金96 000元，从××年7月1日起计算，并于每季度租用前支付租金。6月30日，该广告公司签发转账支票支付一个季度租金24 000元，公司会计人员根据相关凭证，应编制会计分录如下。

借：主营业务成本   24 000

  贷：银行存款   24 000

思考：上述会计处理是否正确？若不正确，应如何更正？

一、美容经营业务成本的核算

美容经营业务的成本主要包括耗用的美容用品、毛巾、各种设施的折旧和摊销等直接为开展美容经营业务而发生的耗费。

任务四 认知其他营业成本

☞ **知识链接**

发生美容经营业务成本时，应编制会计分录如下。

借：主营业务成本
　　贷：原材料
　　　　累计折旧
　　　　低值易耗品等

【例 8-11】某美容公司××年 4 月共领用美容用品 8 800 元，毛巾等低值易耗品 500 元，计提美容设备折旧费 3 000 元。应编制会计分录如下。

借：主营业务成本　　　　　　　　　　　　　　　　　　　　12 300
　　贷：原材料　　　　　　　　　　　　　　　　　　　　　　8 800
　　　　低值易耗品　　　　　　　　　　　　　　　　　　　　　500
　　　　累计折旧　　　　　　　　　　　　　　　　　　　　　3 000

二、广告经营业务成本的核算

广告经营业务成本的内容如图 8-5 所示。

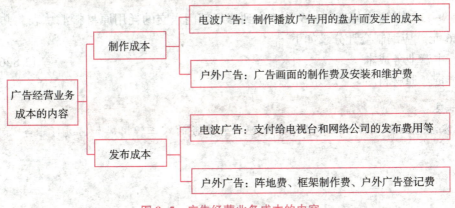

图 8-5　广告经营业务成本的内容

☞ **知识链接**

发生广告经营业务成本时，应编制会计分录如下。

借：主营业务成本
　　贷：原材料
　　　　应付职工薪酬
　　　　累计折旧
　　　　银行存款
　　　　预付账款等

【例 8-12】3 月 31 日，某广告公司为客户制作的广告画面已安装完毕，共领用原材料 9 000 元，分配制作和安装人员工资 5 000 元，发生其他费用 2 500 元，用银行存款支付。应编制会计分录如下。

项目八 营业成本

```
借：主营业务成本                16 500
    贷：原材料                    9 000
        应付职工薪酬              5 000
        银行存款                  2 500
```

知识拓展

广告企业设置的户外广告设施，即使没有接到广告发布业务，其所支付的阵地费和计提的广告框架折旧费，仍应作为广告的发布成本入账。

三、修理经营业务成本的核算

修理经营业务的成本，通常只核算修理过程中耗用的零配件和修理材料。通常在月末根据领料单汇总当月领用的原材料或配件，编制"耗用原材料汇总表"，会计部门据以记账。

知识链接

发生修理业务成本时，应编制会计分录如下。

```
借：主营业务成本
    贷：原材料
```

【例8-13】某家电修理行，5月末收到修理部门送交的耗用原材料汇总表，共耗用原材料13 826元。应编制会计分录如下。

```
借：主营业务成本                13 826
    贷：原材料                              13 826
```

想一想

美容经营业务、广告经营业务和修理经营业务的人工费用应如何进行账务处理？

项目九

期间费用

知识目标

- 了解服务业企业期间费用的内容。
- 掌握期间费用的划分标准。
- 掌握销售费用、管理费用和财务费用的含义。
- 掌握期间费用相关内容的账务处理。

技能目标

- 能区分销售费用和管理费用。
- 能够规范地编制期间费用相关会计分录。
- 能运用相关知识分析案例。

知识导图

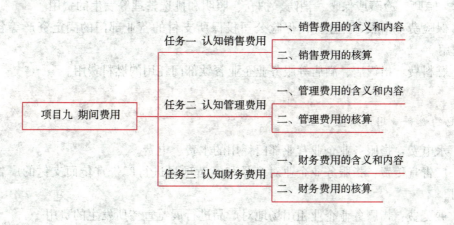

项目九 期间费用

任务一 认知销售费用

引导案例

注册会计师小张在审查某饭店××年10月份费用账簿时发现,饭店餐饮部领用的原材料、餐饮部员工工资、餐具的报废等全部计入餐饮部的销售费用。

思考:饭店这种会计处理是否正确?若不正确,应如何更正?

一、销售费用的含义和内容

(一)销售费用的含义

销售费用是指服务业企业各营业部门在经营中发生的各项费用,是服务业企业经营业务顺利进行必须开支的费用,是当期费用的重要组成部分。

提示

销售费用从营业收入中得到补偿,并在利润表中列示。

(二)销售费用的内容

按经济内容划分,销售费用的内容主要包括以下几种。

(1)运输费:指服务业企业不能直接认定的购入原材料、低值易耗品和商品等存货所发生的运输费用。内部不独立核算的车队发生的燃料费、养路费等也计入运输费。

(2)装卸费:指服务业企业不能直接认定的购入原材料、低值易耗品和商品等存货发生的装卸搬运费。

(3)包装费:指服务业企业为客户提供包装服务时,所消耗的包装用品费。

(4)保管费:指服务业企业的原材料、商品等存货在储存过程中所支付的保管费用,包括倒库、晾晒、冷藏或保暖、消防、护仓、照明和挑选整理等发生的费用。

(5)保险费:指服务业企业向保险公司投保所支付的营业部门的固定资产等各种财产的保险费用。

(6)燃料费:指饭店、酒店等服务业企业餐饮部门耗用的燃料费用。

提示

浴池的燃料费用计入主营业务成本。

(7)水电费:指服务业企业营业部门耗用的水费、电费。

(8)广告宣传费:指服务业企业对产品和经营项目进行广告宣传而支付的广告费用和宣传费用。

(9)展览费:指服务业企业租用场地对产品进行展览宣传所发生的费用。

(10) 邮电费：指服务业企业因业务需要而邮寄函件、样品及联系业务等发生的邮寄费和电信费。

(11) 差旅费：指服务业企业按规定支付给经营人员因业务、工作需要出差人员的住宿费、交通费、伙食补助等费用。

(12) 洗涤费：指服务业企业营业部门洗涤工作服而发生的费用。

(13) 清洁卫生费：指服务业企业营业部门对床上用品、台布和餐具等进行清洗，对经营场所进行打扫所发生的费用。

(14) 物料消耗：指服务业企业营业部门领用物料用品而发生的费用。

☞ 知识链接

物料用品主要包括日常用品、办公用品、包装物品、日常维修用材料及零配件等。

(15) 低值易耗品摊销：指服务业企业营业部门领用低值易耗品的摊销费用。

(16) 折旧费：指服务业企业为营业部门使用的固定资产计提的折旧费用。

(17) 修理费：指服务业企业为营业部门使用固定资产和低值易耗品过程中发生的修理费用。

(18) 租赁费：指服务业企业租赁营业部门使用的固定资产和低值易耗品而发生的费用。

(19) 营业人员薪酬：指服务业企业发生的直接从事经营业务人员的工资、工资性质的津贴、补贴，以及按规定标准计提的职工福利费、工会经费、职工教育经费、社会保险费和住房公积金等职工薪酬。

(20) 工作餐费：指旅游饭店按规定为职工提供工作餐而支付的费用。

☞ 提示

现行制度规定，可在销售费用中列支工作餐的仅限于按规定为职工提供工作餐的旅游饭店。因此，除旅游饭店外的其他服务业企业暂不执行此规定。

(21) 服装费：指旅游企业按规定为职工制作工作服装而发生的费用。

☞ 提示

现行制度规定，可在销售费用中列支服装费的仅限于按规定为职工提供工作服的旅游企业，饮食服务业企业不能按照旅游企业在成本中列支服装费。

(22) 其他销售费用：指不能列入上述项目的其他各项销售费用。

二、销售费用的核算

服务业企业为了核算和监督营业部门的经营活动所发生的各项费用，应设置"销售费用"账户，并按费用项目设置明细账，进行明细核算。该账户属于损益类账户，期末应当将余额转入"本年利润"账户，结转后该账户应无余额。

☞ 知识链接

销售费用明细账的账页格式可以是三栏式或多栏式。

"销售费用"账户结构如表9-1所示。

项目九 期间费用

表9-1 "销售费用"账户

借方	贷方
本期发生的各项销售费用	期末结转至本年利润的数额

每月应按销售费用的内容,归集各营业部门的费用,并进行账务处理。销售费用的账务处理如表9-2所示。

表9-2 销售费用的账务处理

发生销售费用时	期末结转至本年利润时
借:销售费用 　　贷:原材料/低值易耗品/银行存款/应付职工薪酬/累计折旧/预付账款等	借:本年利润 　　贷:销售费用

【例9-1】某服务业企业有客房和餐饮两个营业部门,××年9月份发生的部分与销售费用有关的业务如下。

(1) 通过银行支付洗涤费用5 000元,其中客房部2 000元,餐饮部3 000元。应编制会计分录如下。

借:销售费用——洗涤费(客房部)　　　　　　　　　　2 000
　　　　　　——洗涤费(餐饮部)　　　　　　　　　　3 000
　　贷:银行存款　　　　　　　　　　　　　　　　　　5 000

(2) 客房部领用一次性摊销的低值易耗品800元,同时摊销应由本月负担的分期摊销低值易耗品6 300元。应编制会计分录如下。

借:销售费用——低值易耗品摊销(客房部)　　　　　　7 100
　　贷:低值易耗品　　　　　　　　　　　　　　　　　　800
　　　　预付账款　　　　　　　　　　　　　　　　　6 300

(3) 餐饮部领用一次性物料用品2 500元。应编制会计分录如下。

借:销售费用——物料消耗(餐饮部)　　　　　　　　　2 500
　　贷:原材料——物料用品　　　　　　　　　　　　　2 500

(4) 签发转账支票支付广告宣传费18 000元。应编制会计分录如下。

借:销售费用——广告费　　　　　　　　　　　　　　18 000
　　贷:银行存款　　　　　　　　　　　　　　　　　18 000

(5) 月底分配工资,客房部职工工资13 000元,餐饮部职工工资25 000元。应编制会计分录如下。

借:销售费用——工资(客房部)　　　　　　　　　　13 000
　　　　　　——工资(餐饮部)　　　　　　　　　　25 000
　　贷:应付职工薪酬——工资　　　　　　　　　　　38 000

(6) 月底计提营业用固定资产折旧,其中客房部20 000元,餐饮部12 000元。应编制会计分录如下。

借：销售费用——折旧费（客房部） 20 000
　　　　　——折旧费（餐饮部） 12 000
　　贷：累计折旧 32 000
（7）月末结转销售费用，应编制会计分录如下。
借：本年利润 102 600
　　贷：销售费用 102 600

任务二　认知管理费用

引导案例

注册会计师小张在审查某饭店××年10月份费用账簿时，发现该饭店在分配工资时，将餐饮部和客房部职工工资计入销售费用，将除财务部门以外的管理部门职工工资计入管理费用，将财务部门人员工资计入财务费用。

思考：饭店这种会计处理是否正确？若不正确，应如何更正？

一、管理费用的含义和内容

（一）管理费用的含义

管理费用是服务业企业行政管理部门为了组织和管理企业经营活动而发生的各项费用，以及由企业统一负担的费用。

☞ 知识链接

管理费用主要包括两部分：一是为组织和管理企业经营活动而发生的费用；二是涉及企业若干部门的、难以区分或无须区分、由企业统一负担的费用。

（二）管理费用的内容

服务业企业的管理费用具体包括以下内容。

（1）公司经费：指服务业企业行政管理部门的行政人员的工作餐费、服装费、办公费、差旅费、会议费、物料消耗及其他行政经费。

（2）管理人员薪酬：指服务业企业行政管理人员的工资、奖金、津贴、补贴，以及按规定标准计提的职工福利费、工会经费、职工教育经费、社会保险费和住房公积金等职工薪酬。

（3）劳动保险费：指服务业企业支付的离退休人员的退职金、退休金及其他有关各项费用。

（4）待业保险费：指服务业企业按国家规定缴纳的待业保险基金。

（5）董事会费：指服务业企业最高权力机构及其成员为执行其职能而发生的各项费用。

（6）涉外费：指服务业企业按国家规定支付的因业务需要必须开支的有关费用，包括

项目九 期间费用

人员出国费用、接待外宾费用和驻外代表及驻外机构办公费用等开支。

(7) 租赁费：指服务业企业租赁行政管理部门使用的固定资产和低值易耗品发生的租赁费用。

(8) 咨询费：指服务业企业向有关咨询机构进行科学技术、经营管理等咨询时所支付的费用。

(9) 聘请中介机构费：指服务业企业聘请中介机构进行查账验资，以及进行资产评估等发生的各项费用。

(10) 诉讼费：指服务业企业因经济纠纷起诉或应诉而发生的各项费用。

(11) 排污费：指服务业企业按规定交纳的排污费用。

(12) 绿化费：指对服务业企业的内外环境进行绿化而发生的绿化费用。

(13) 土地使用费：指服务业企业因使用土地而支付的各项费用。

(14) 土地损失补偿费：指服务业企业生产经营中破坏土地所支付的土地损失补偿费。

(15) 技术转让费：指服务业企业使用非专利技术时支付的费用。

☞ 知识链接

服务业企业支付的技术转让费，包括以技术转让为前提的技术咨询、技术服务、技术培训过程中发生的有关开支等。

(16) 研究开发费：指服务业企业研究开发新产品、新技术、新工艺所发生的新产品设计、技术图书资料费与新产品试制、技术研究有关的其他经费等。

☞ 知识链接

研发过程中试制新产品失败的损失也应计入研究开发费。

(17) 燃料费：指服务业企业行政管理部门支付的燃料及动力费用。

☞ 知识链接

①饭店、酒店等服务业企业的餐饮部门耗用的燃料费用计入销售费用。
②餐馆、浴池的燃料费用计入营业成本。
③不独立核算的车队发生的燃料费用计入销售费用中的运输费。

(18) 水电费：指服务业企业除营业部门外，其他部门耗用的水费、电费。

☞ 知识链接

规模较小的服务业企业发生的水电费也可不计入销售费用，而全部计入管理费用。

(19) 折旧费：指服务业企业行政管理部门所使用的固定资产按照规定的折旧方法计提的折旧额。

☞ 知识链接

服务业企业未使用的固定资产计提的折旧费用也计入管理费用。

(20) 修理费：指服务业企业行政管理部门使用的固定资产和低值易耗品所发生的修理费用。

(21) 无形资产摊销：指服务业企业按规定期限计提的无形资产的摊销额。

（22）低值易耗品摊销：指为服务业企业除营业部门外的其他部门领用的低值易耗品按规定标准和摊销的方法摊销的低值易耗品费用。

（23）业务招待费：指服务业企业在业务交往过程中因合理需要而支付的有关业务交际费用。

> ☞ 知识链接
> 服务业企业的业务招待费应按全年营业收入净额的一定比例控制使用，按实列支。

（24）保险费：指服务业企业向保险公司投保所支付的行政管理部门的固定资产、流动资产等各种财产的保险费用。

（25）开办费摊销：指服务业企业摊销其因设立及其设立的分支机构在筹建期间所发生的有关支出。

> ☞ 知识链接
> 开办费是指在服务业企业筹建期间发生的筹建人员工资、办公费、差旅费、印刷费、培训费、律师费、注册登记费、业务招待费等费用。

（26）上级管理费：指服务业企业上缴集团公司和管理公司的费用。

（27）其他管理费用：指服务业企业发生的不能列入上述各明细项目的各项管理费用。

二、管理费用的核算

服务业企业为了直接核算和监督管理部门为组织和管理生产经营活动而发生的各项费用，应设置"管理费用"账户，并按费用项目设置明细账，进行明细核算。该账户属于损益类账户，期末应当将余额转入"本年利润"账户，结转后该账户应无余额。

> ☞ 知识链接
> 管理费用明细账的账页格式可以是三栏式或多栏式。

"管理费用"账户结构如表9-3所示。

表9-3 "管理费用"账户

借方	贷方
本期发生的各项管理费用	期末结转至本年利润的数额

服务业企业每月应按管理费用的内容，归集管理部门的费用及公共性的费用，并进行账务处理。管理费用的账务处理如表9-4所示。

表9-4 管理费用的账务处理

发生管理费用时	期末结转至本年利润时
借：管理费用 　　贷：原材料/长期待摊费用/银行存款/应付职工薪酬/累计折旧等	借：本年利润 　　贷：管理费用

【例 9-2】 某服务业企业××年 12 月份发生的部分与管理费用有关的业务如下。

(1) 用现金购买办公用品 500 元,应编制会计分录如下。

借:管理费用——公司经费　　　　　　　　　　　　　　　　　500
　　贷:库存现金　　　　　　　　　　　　　　　　　　　　　　500

(2) 分配行政管理人员工资 14 000 元,福利费 2 000 元,应编制会计分录如下。

借:管理费用——职工薪酬　　　　　　　　　　　　　　　　16 000
　　贷:应付职工薪酬——工资　　　　　　　　　　　　　　　14 000
　　　　　　　　　　——职工福利　　　　　　　　　　　　　2 000

(3) 计提行政管理用固定资产折旧费 78 000 元,摊销无形资产 12 000 元,应编制会计分录如下。

借:管理费用——折旧费　　　　　　　　　　　　　　　　　78 000
　　　　　　——无形资产摊销　　　　　　　　　　　　　　12 000
　　贷:累计折旧　　　　　　　　　　　　　　　　　　　　　78 000
　　　　累计摊销　　　　　　　　　　　　　　　　　　　　　12 000

(4) 摊销本月应负担的开办费 6 000 元,应编制会计分录如下。

借:管理费用——开办费　　　　　　　　　　　　　　　　　　6 000
　　贷:长期待摊费用　　　　　　　　　　　　　　　　　　　6 000

(5) 摊销办公楼、办公设备等本月应负担的保险费 2 000 元,应编制会计分录如下。

借:管理费用——保险费　　　　　　　　　　　　　　　　　　2 000
　　贷:预付账款　　　　　　　　　　　　　　　　　　　　　2 000

(6) 月末结转管理费用,应编制会计分录如下。

借:本年利润　　　　　　　　　　　　　　　　　　　　　　114 500
　　贷:管理费用　　　　　　　　　　　　　　　　　　　　114 500

任务三　认知财务费用

引导案例

注册会计师小张在审查某饭店××年 10 月份费用账簿时,发现该饭店将全部银行借款利息计入财务费用,包含为建设仓库而借入的长期借款利息 6 500 元,该仓库于当年 9 月 25 日开工,目前尚在建设中。

思考:饭店这种会计处理是否正确?若不正确,应如何更正?

一、财务费用的含义和内容

财务费用是指服务业企业为筹集业务经营所需资金等而发生的各项费用。

服务业企业的财务费用具体包括以下内容。

(1) 利息支出：指服务业企业支付的短期借款利息、应付票据利息、商业汇票贴现利息，以及长期借款利息和应付债券利息中非资本化的利息。

> ☞ 知识链接
> 利息支出核算的注意事项有以下几点。
> ①利息支出是指利息净支出，即指服务业企业经营期间的借款利息支出扣除利息收入后的净支出。
> ②利息支出中符合资本化条件的部分，应进行资本化，并计入相关资产的成本，不计入财务费用。
> ③企业在筹建期间、清算期间发生的筹资费用，应计入筹建期间的开办费或清算损益，不计入财务费用。

(2) 手续费：指服务业企业与金融机构往来过程中发生的有关费用，如因办理国内结算和国际结算而支付给金融机构的手续费等。

(3) 汇兑损益：指服务业企业的外币货币性资产（如外币现金、存款、债权）和外币货币性负债因汇率变动所造成的损益。

> ☞ 知识链接
> 服务业企业若发生汇兑损失，则计入借方；若发生汇兑收益，则计入贷方。

(4) 其他财务费用：指服务业企业发生的不能列入上述各项目的筹资费用。

二、财务费用的核算

为了核算为筹集生产经营所需资金而发生的各项费用，服务业企业应设置"财务费用"账户，并按费用项目设置明细账，进行明细核算。该账户属于损益类账户，期末应当将余额转入"本年利润"账户，结转后该账户应无余额。

"财务费用"账户结构如表9-5所示。

表9-5 "财务费用"账户

借方	贷方
本期发生的各项财务费用	冲减财务费用的利息收入、汇兑收益等，以及期末结转至本年利润的数额

服务业企业每月应按财务费用的内容，归集企业为筹资而发生的各项费用，并进行账务处理。财务费用的账务处理如表9-6所示。

表9-6 财务费用的账务处理

发生财务费用时	期末结转至本年利润时
借：财务费用 　贷：应付利息/长期借款——应计利息/银行存款等	借：本年利润 　贷：财务费用

项目九　期间费用

【例9-3】 某服务业企业××年7月份发生的部分与财务费用有关的业务如下。

(1) 计算本月短期借款利息30 000元。

借：财务费用——利息支出　　　　　　　　　　　　30 000
　　贷：应付利息　　　　　　　　　　　　　　　　　　30 000

(2) 支付银行承兑汇票手续费2 000元。

借：财务费用——手续费　　　　　　　　　　　　　2 000
　　贷：银行存款　　　　　　　　　　　　　　　　　　2 000

(3) 计算本月不符合资本化条件的长期借款利息50 000元，该笔长期借款合同约定到期还本付息。

借：财务费用——利息支出　　　　　　　　　　　　50 000
　　贷：长期借款——应计利息　　　　　　　　　　　50 000

(4) 7月1日发生一笔应收甲公司的账款20 000元，规定的现金折扣条件为2/10、1/20、n/30，甲公司于7月15日支付该笔账款。

借：银行存款　　　　　　　　　　　　　　　　　　19 800
　　财务费用——其他财务费用　　　　　　　　　　　　200
　　贷：应收账款　　　　　　　　　　　　　　　　　20 000

(5) 月末结转财务费用。

借：本年利润　　　　　　　　　　　　　　　　　　82 200
　　贷：财务费用　　　　　　　　　　　　　　　　　82 200

☞ **想一想**

(1) 营业成本和期间费用的划分标准是什么？
(2) 管理费用和销售费用的主要区别是什么？

☞ **知识链接**

服务业企业支付的期间费用一般是由当期负担的。但是，有些期间费用企业虽已支付，却应由以后各受益期负担；有些期间费用应由本期负担，而本期尚未支付。为了正确地反映本期应负担的期间费用，期间费用的核算必须按照权责发生制的要求进行核算。凡属于本期负担的期间费用，不论其款项是否已经支付，均作为本期的期间费用处理；凡不属于本期负担的期间费用，即使款项已经支付，也不能作为本期期间费用入账。

知识拓展

服务业企业不能计入营业成本或期间费用的支出主要有以下几项。

(1) 购建固定资产、无形资产和其他资产的各项支出。
(2) 应列入存货成本的各项支出。
(3) 对外投资和分配给投资者的利润或股利。
(4) 被没收财物，各项违约金、赔偿金、滞纳金及其他各项罚没支出。
(5) 各种赞助、捐赠支出。
(6) 与服务业企业经营无直接关系的各项支出，如固定资产盘亏、非常损失等营业外支出。

项目十

税费和利润

知识目标

- 了解服务业企业税费的种类、利润分配的顺序。
- 理解一般纳税人增值税的计算。
- 掌握利润的含义及营业利润、利润总额和净利润的计算。
- 掌握税费、利润及利润分配的账务处理。

技能目标

- 能区分服务业企业应缴纳的各类税种。
- 能计算3个层次的利润。
- 能够规范地编制税费和利润相关会计分录。
- 能运用相关知识分析案例。

项目十　税费和利润

知识导图

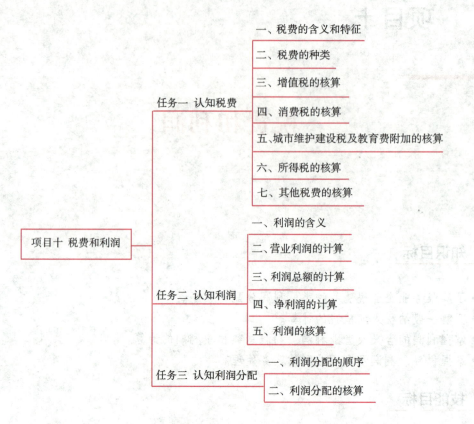

任务一　认知税费

引导案例

某服务业企业为一般纳税人，其附设商场经营商品的增值税税率为13%，××年6月销售收入为100 000元（不含税），增值税销项税额为13 000元。本月购进商品80 000元，均取得增值税专用发票，注明进项税额为10 400元。

思考：（1）什么是一般纳税人？
（2）该商场6月因商品经营业务需缴纳多少增值税？

一、税费的含义和特征

（一）税费的含义

税费是指企业和个人按照国家税法规定的税率或征收率向税务部门缴纳的税款。它是国家财政收入的一个重要组成部分,是国家按照法律规定的标准取得财政收入的一种手段。

(二) 税费的特征

税费的特征如图 10-1 所示。

图 10-1　税费的特征

二、税费的种类

服务业企业是税法规定的纳税义务单位,应按税法规定按期向国家缴纳各种税款。税费的种类如图 10-2 所示。

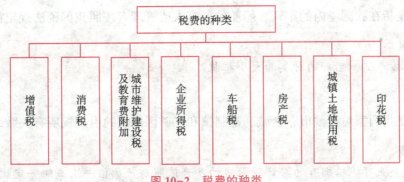

图 10-2　税费的种类

(一) 增值税

增值税是指对销售货物、提供劳务或者发生应税行为过程中实现的增值额征收的一种流转税。

> **☞ 知识链接**
>
> 按税法规定,在中华人民共和国境内销售货物或者提供加工、修理修配劳务、进口货物,以及销售服务、无形资产或者不动产的单位和个人,为增值税的纳税人。

(二) 消费税

消费税是指对生产、委托加工及进口应税消费品(主要指烟、酒、化妆品、高档次及高能耗的消费品)征收的一种税。

> **☞ 知识链接**
>
> 在对货物普遍征收增值税的基础上,针对少数消费品再征收一道消费税,主要是为了调整产业结构,引导消费方向,保证国家财政收入。

项目十 税费和利润

(三) 城市维护建设税及教育费附加

城市维护建设税（简称城建税）是指国家对缴纳增值税和消费税的单位和个人就其缴纳的增值税和消费税额为计税依据而征收的税款。

教育费附加与城建税一样，也是按照服务业企业应交流转税（增值税、消费税）的一定比例计算，并与流转税一起缴纳。

> ☞ 知识链接
>
> 城建税是国家为扩大和稳定城市乡镇公共设施和基础设施建设而征收的一种税款；教育费附加是国家为了发展我国的教育事业，提高国民的文化素质而征收的一项费用。

(四) 企业所得税

企业所得税是指国家对企业或个人的各种所得按规定税率征收的税款。

> ☞ 知识链接
>
> 所得税包括个人所得税和企业所得税。

(五) 车船税

车船税是指在我国境内的车辆、船舶的所有人或管理者按照我国税法规定征收的税款。

> ☞ 知识链接
>
> 车船税按车辆、船舶的种类和大小征收。

(六) 房产税

房产税是指国家对在城市、县城、建制镇和工矿区征收的由产权所有人缴纳的税。

> ☞ 知识链接
>
> 服务业企业可根据拥有的房产或承典的房产依照房产原值一次减除一定比例后的余值计算缴纳。

(七) 城镇土地使用税

城镇土地使用税是指以城镇土地为征税对象，对拥有土地使用权的单位和个人征收的税款。

> ☞ 知识链接
>
> 城镇土地使用税是国家为了合理利用城镇土地，调节土地级差收入，提高土地使用效益，加强土地管理而开征的一种税。

(八) 印花税

印花税是国家对企业在经济活动中书立、使用、领受的具有法律效力的凭证征收的一种税。

> ☞ 知识链接
>
> 印花税的征税范围包括各种经济技术合同、产权转移书据、营业账簿、权利许可证照和财政部确定征税的其他凭证等。

三、增值税的核算

（一）增值税纳税人划分标准

增值税纳税人划分标准如图 10-3 所示。

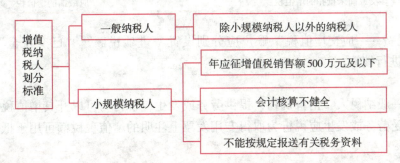

图 10-3　增值税纳税人划分标准

（二）增值税税率或征收率

一般纳税人增值税税率一共有 4 档：13%、9%、6%、0。小规模纳税人的增值税征收率一般为 3%。

（三）增值税应纳税额的计算

增值税应纳税额的计算如图 10-4 所示。

图 10-4　增值税应纳税额的计算

> **知识链接**
>
> （1）一般纳税人增值税的计算采用购进抵扣法，即企业购入货物或接受劳务等支付的增值税（即进项税额），可以从销售货物、提供劳务或发生应税行为按规定收取的增值税（即销项税额）中抵扣，抵扣后的余额即为实际应缴纳的增值税。
>
> （2）小规模纳税人销售货物、提供应税劳务或者发生应税行为，实行简易办法计算应纳税额。

（四）增值税的核算

1. 账户的设置

服务业企业应交的增值税，在"应交税费"账户下设置"应交增值税"明细账户进行核算，其结构如表 10-1 所示。

表10-1 "应交税费——应交增值税"账户

借方	贷方
购进货物或接受应税劳务支付的进项税额、实际已缴纳的增值税税额	销售货物或提供应税劳务所收取的销项税额等
多交或尚未抵扣的增值税	应缴纳的增值税

"应交税费——应交增值税"账户应分别设置"进项税额""已交税金"和"销项税额"等专栏进行核算。

2. 增值税的账务处理

增值税一般纳税人,销售货物、提供劳务或发生应税行为可以开具增值税专用发票;购入货物、接受劳务或发生应税行为取得专用发票上注明的增值税税额可用于抵扣销项税额。

☞ 知识链接

一般纳税人在购进阶段,根据专用发票上注明的价款和增值税,将价款部分计入购入货物的成本,将增值税税额部分计入进项税额。在销售阶段,销售价格中不再含税,如果定价时含税,则应还原为不含税价格作为销售收入,而向购买方收取的增值税则作为销项税额。

小规模纳税人销售货物或提供应税劳务按其不含税销售额的一定比例(即征收率)缴纳增值税。

☞ 知识链接

小规模纳税人不享有进项税额的抵扣权,其购进货物或接受应税劳务时支付的增值税直接计入所购货物或劳务的成本;在销售货物或提供应税劳务时一般只能使用普通发票,不能使用增值税专用发票。小规模纳税人的销售额若为含税销售额则应还原为不含税销售额。

不含税销售额=含税收入÷(1+征收率)

【例10-1】某服务业企业为一般纳税人,其附设商场经营商品的增值税税率为13%,本月购进商品所取得的增值税专用发票上注明的商品价款为100万元,增值税进项税额为13万元,价税款以银行存款支付。假设该批商品已于本月全部售出,售价150万元,增值税销项税额为19.5万元,价税款已经收到。假设采用售价金额核算法,相关账务处理如下。

(1)购进商品时,应编制会计分录如下。

借:库存商品　　　　　　　　　　　　　　　　　1 500 000
　　应交税费——应交增值税(进项税额)　　　　 130 000
　　贷:银行存款　　　　　　　　　　　　　　　 1 130 000
　　　　商品进销差价　　　　　　　　　　　　　 500 000

(2)销售商品时:

①确认收入时,应编制会计分录如下。

借:银行存款　　　　　　　　　　　　　　　　　1 695 000
　　贷:主营业务收入　　　　　　　　　　　　　 1 500 000
　　　　应交税费——应交增值税(销项税额)　　 195 000

②结转成本时，应编制会计分录如下。

借：主营业务成本　　　　　　　　　　　　　　　　　　　　1 500 000
　　贷：库存商品　　　　　　　　　　　　　　　　　　　　　　1 500 000

（3）结转已销商品进销差价时，应编制会计分录如下。

借：商品进销差价　　　　　　　　　　　　　　　　　　　　　500 000
　　贷：主营业务成本　　　　　　　　　　　　　　　　　　　　　500 000

（4）缴纳增值税时，应编制会计分录如下。

借：应交税费——应交增值税（已交税金）　　　　　　　　　　65 000
　　贷：银行存款　　　　　　　　　　　　　　　　　　　　　　　65 000

【例10-2】某酒店为小规模纳税人，其餐饮部本期购入原材料货款60 000元，增值税税额7 800元，价税款签发转账支票支付。该酒店餐饮部本期销售餐饮制品的含税销售额为103 000元，增值税税率为3%，款项已收到并存入银行。根据上述经济业务，做如下会计分录。

（1）购进原材料时，应编制会计分录如下。

借：原材料　　　　　　　　　　　　　　　　　　　　　　　　67 800
　　贷：银行存款　　　　　　　　　　　　　　　　　　　　　　　67 800

（2）销售餐饮制品时，应编制会计分录如下。

借：银行存款　　　　　　　　　　　　　　　　　　　　　　　103 000
　　贷：主营业务收入　　　　　　　　　　　　　　　　　　　　100 000
　　　　应交税费——应交增值税　　　　　　　　　　　　　　　　3 000

（3）缴纳增值税时，应编制会计分录如下。

借：应交税费——应交增值税　　　　　　　　　　　　　　　　3 000
　　贷：银行存款　　　　　　　　　　　　　　　　　　　　　　　3 000

四、消费税的核算

（一）消费税的计税方法

消费税的计税方法如图10-5所示。

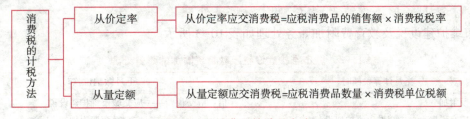

图10-5　消费税的计税方法

☞ 知识链接

根据消费税法律制度规定，对部分应税消费品实行从量定额和从价定率相结合的复合计税方法。

(二)消费税的核算

根据现行制度的规定,为了核算应该由服务业企业经营业务活动负担的税金及附加,包括消费税、城市维护建设税、资源税、土地增值税和教育费附加等,企业应设置"税金及附加"账户,该账户属于损益类账户,其结构如表10-2所示。

表10-2 "税金及附加"账户

借方	贷方
应由主营和附营业务负担的税金及附加	转入"本年利润"账户的数额

【例10-3】 某服务业企业销售应税消费品的销售额为40 000元,该产品适用的消费税税率为36%。

(1)计算消费税额时,应编制会计分录如下。

消费税税额=40 000×36%=14 400元

借:税金及附加　　　　　　　　　　　　　　　　14 400
　　贷:应交税费——应交消费税　　　　　　　　　　14 400

(2)缴纳消费税时,应编制会计分录如下。

借:应交税费——应交消费税　　　　　　　　　　14 400
　　贷:银行存款　　　　　　　　　　　　　　　　14 400

五、城市维护建设税及教育费附加的核算

(一)城市维护建设税及教育费附加计算公式

城市维护建设税及教育费附加的计算公式为:

应交城市维护建设税=(应交增值税+应交消费税)×城建税税率
应交教育费附加=(应交增值税+应交消费税)×适用税率

> **知识链接**
> 城市维护建设税根据企业所在地的不同,按市、县、镇规定的不同税率计算,并与增值税、消费税等同时缴纳。

(二)城市维护建设税及教育费附加账务处理

城市维护建设税及教育费附加账务处理如表10-3所示。

表10-3 城市维护建设税及教育费附加的账务处理

当月计算税额时	下月缴纳税款时
借:税金及附加 　　贷:应交税费——应交城市维护建设税 　　　　　　——应交教育费附加	借:应交税费——应交城市维护建设税 　　　　　　——应交教育费附加 　　贷:银行存款

六、所得税的核算

所得税以所得额为征收对象,按纳税人不同可分为企业所得税和个人所得税。

（一）企业所得税

服务业企业的经营所得和其他所得，依照有关所得税暂行条例及其细则的规定缴纳所得税。

（二）个人所得税

1. 个人所得税的征管办法

个人所得税有两种征管办法如图10-6所示。

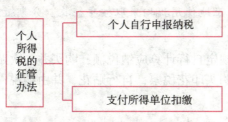

图10-6 个人所得税的征管办法

> ☞ **知识链接**
>
> 目前，普遍的是支付所得单位作为扣缴义务人进行扣缴的方法，一方面减少个人所得税流失；另一方面也便于支付单位正确计算扣缴个人所得税，如实反映个人所得税的扣缴情况。

2. 代扣代缴个人所得税的账务处理

代扣代缴个人所得税的账务处理如表10-4所示。

表10-4 代扣代缴个人所得税的账务处理

当月计算税额时	下月缴纳税款时
借：应付职工薪酬 　　贷：应交税费——代扣代缴个人所得税	借：应交税费——代扣代缴个人所得税 　　贷：银行存款

七、其他税费的核算

（一）其他税费的计算

1. 房产税的计算

房产税的计税方法如图10-7所示。

图10-7 房产税的计税方法

2. 车船税的计算

车船税实行从量定额征税，分机动车船和非机动车船等不同情况，以净吨位、载重净吨

项目十 税费和利润

位及车辆数为计税依据，并以各该税暂行条例所附的《车船税税目税额表》的规定，按年征收，分别缴纳。

3. 城镇土地使用税的计算

城镇土地使用税根据实际占用土地面积，按税法规定的单位税额缴纳。其计算公式为：

应交城镇土地使用税额＝应税土地的实际占用面积×适用单位税额

☞ **知识链接**

房产税、车船税和城镇土地使用税均采取按年征收，分期缴纳的方法。

4. 印花税的计算

印花税是由纳税人根据规定自行计算应纳税额，购买并一次贴足印花税票的方法缴纳的税款，即由纳税人自行计算购买印花税票，自行贴花，并由纳税人在每枚税票的骑缝处盖戳注销。

（二）其他税费的账务处理

其他税费的账务处理如表10-5所示。

表10-5 其他税费的账务处理

具体经济业务	借方	贷方
计算房产税	税金及附加	应交税费——应交房产税
计算车船税	税金及附加	应交税费——应交车船税
计算城镇土地使用税	税金及附加	应交税费——应交城镇土地使用税
缴纳各种税费	应交税费——应交××税	银行存款
计算并同时缴纳印花税	税金及附加	银行存款

☞ **想一想**

（1）增值税一般纳税人和小规模纳税人应纳税额的计算有何不同之处？
（2）各税种的会计核算有何相同之处？

任务二　认知利润

引导案例

关于对利润的认识，有以下几种不同说法。

说法一：利润就是企业的收入减去费用后的数额。
说法二：利润不仅包含企业的收入、费用，还应包括非日常活动形成的利得和损失。
说法三：利润是企业一定会计期间的经营成果，应为一定期间的"益"扣减"损"之后的数额。

思考：上述说法是否正确？利润是什么？应如何进行计算？

一、利润的含义

利润是指服务业企业在一定会计期间的经营成果。服务业企业收入的高低、成本费用的升降、经营管理水平的好坏都会通过利润指标综合地反映出来。

利润的内容如图 10-8 所示。

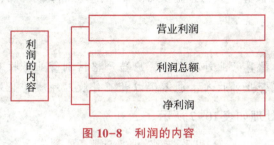

图 10-8 利润的内容

二、营业利润的计算

营业利润是服务业企业利润的主要组成部分,是企业在一定时期内从事日常经营业务的成果。其计算公式为:

营业利润=营业收入-营业成本-税金及附加-销售费用-管理费用-财务费用-资产减值损失+公允价值变动损益+投资收益+资产处置收益+其他收益

营业利润内容的解析如表 10-6 所示。

表 10-6 营业利润的内容解析

项目	内容解析
营业收入	服务业企业经营业务所确认的收入总额,包括主营业务收入和其他业务收入
营业成本	服务业企业经营业务所发生的成本总额,包括主营业务成本和其他业务成本
资产减值损失	服务业企业计提各项资产减值准备而形成的减值损失
公允价值变动损益	服务业企业应当计入当期损益的金融资产或负债,公允价值变动的净收益;若为损失,则为负数
投资收益	服务业企业对外投资所取得的净收益;若为净损失,则为负数
资产处置收益	服务业企业出售划分为持有待售非流动资产或处置组时确认的处置净收益,加上未划分为持有待售的固定资产、在建工程、无形资产而产生的处置净收益,加上债务重组中因处置非流动资产产生的净收益,加上非货币性资产交换产生的净收益。若为净损失,则用负数表示
其他收益	反映计入其他收益的政府补助等;若为损失,则为负数

三、利润总额的计算

服务业企业的利润总额是指营业利润加上营业外收入,减去营业外支出后的金额。用公式表示为:

利润总额=营业利润+营业外收入-营业外支出

项目十 税费和利润

> **☞ 知识链接**
> 营业外收入是指服务业企业发生的与日常经营活动无关的各项收入。
> 营业外支出是指服务业企业发生的与日常经营活动无关的各项支出。

对于服务业企业发生的营业外收入和营业外支出，会计上应设置"营业外收入"和"营业外支出"账户进行核算。其为损益类账户，期末应将其余额转入"本年利润"账户，结转后无余额。

> **☞ 提示**
> 服务业企业在具体核算营业外收支时，应当严格区别营业外收入和营业外支出，不得以营业外支出直接冲减营业外收入，也不得以营业外收入冲减营业外支出。

营业外收支的账务处理如表 10-7 所示。

表 10-7 营业外收支的账务处理

具体经济业务	借方	贷方
产生营业外收入	待处理财产损溢/库存现金/银行存款/固定资产清理/应付账款等	营业外收入
发生营业外支出	营业外支出	待处理财产损溢/固定资产清理/银行存款等
结转营业外收入	营业外收入	本年利润
结转营业外支出	本年利润	营业外支出

四、净利润的计算

（一）净利润的计算公式

服务业企业的净利润是指企业当期实现的利润总额扣除所得税后的余额。用公式表示为：

$$净利润 = 利润总额 - 所得税费用$$

其中，所得税费用是指服务业企业按照税法的有关规定，对企业某一经营年度实现的经营所得和其他所得，按照规定的所得税税率计算缴纳的一种税款。

（二）缴纳所得税的依据

所得税是根据服务业企业的所得额征收的，而服务业企业的所得额又可以依据不同的标准分解计算确定，即所谓的会计所得和纳税所得。

> **☞ 知识链接**
> 会计所得是由服务业企业根据会计准则、制度等的要求确认的收入与费用进行配比计算得出的税前会计利润，表现为利润总额。
> 纳税所得是根据税收法规规定的收入和准予扣除的费用计算得出的企业纳税所得，即应税利润。

通常，按照会计法规计算确定的会计利润与按照税法计算确定的应税利润，对同一个企业的同一个会计期间来说，其计算结果往往不一致。在计算口径和确认时间方面存在一定的差异，即计税差异，一般来讲这个差异称为纳税调整项目。因此，其计算公式为：

应纳税所得额＝利润总额±所得税税前利润中予以调整的项目
应交所得税＝应纳税所得额×所得税税率

知识拓展

所得税税前利润中的调整项目包括纳税调整增加项目和纳税调整减少项目。

纳税调整增加项目主要包括税法规定不允许扣除的项目及企业已经计入当期费用但超过税法规定扣除标准的项目，如超过税法固定标准的工资支出、业务招待费支出、税收罚款滞纳金、非公益性捐赠支出等。

纳税调整减少项目主要包括按税法规定允许弥补的亏损和准予免税的项目，如5年内未弥补完的亏损、国债利息收入等。

☞提示

由于纳税调整项目的内容较为复杂，为了简化核算，一般假设纳税调整项目为零，即假设应纳税所得额等于利润总额。

企业所得税税率通常为25%。

（三）所得税的核算

各期应交所得税的计算公式为：

本期累计应交所得税额＝本期累计纳税所得额×所得税税率

本期应交所得税税额＝本期累计应交所得税额－上期累计已交所得税税额

为了核算所得税费用的发生情况，服务业企业在会计上应设置"所得税费用"账户，该账户属于损益类账户，用以核算服务业企业按照相关规定应当在当期损益中扣除的所得税费用的计算及结转情况。该账户结构如表10-8所示。

表10-8 "所得税费用"账户

借方	贷方
计算得出的所得税费用数额	期末转入"本年利润"账户的数额

应交所得税的账务处理如表10-9所示。

表10-9 应交所得税的账务处理

计算所得税费用	缴纳所得税
借：所得税费用 　　贷：应交税费——应交所得税	借：应交税费——应交所得税 　　贷：银行存款

【例10-4】某服务业企业本期实现的利润总额为50 000元，按25%的税率计算本期的所得税费用，假设没有纳税调整项目。应编制会计分录如下。

本期应交所得税税额＝50 000×25%＝12 500元

借：所得税费用　　　　　　　　　　　　　　　　　　　　　　　12 500
　　贷：应交税费——应交所得税　　　　　　　　　　　　　　　　　　12 500

项目十 税费和利润

五、利润的核算

服务业企业的利润是通过设置"本年利润"账户进行核算的,其为所有者权益类账户。它主要用来核算企业在本年度实现的利润(或亏损)总额,其结构如表 10-10 所示。

表 10-10 "本年利润"账户

借方	贷方
期末转入的各项费用: 　主营业务成本 　其他业务成本 　税金及附加 　销售费用 　管理费用 　财务费用 　资产减值损失 　公允价值变动净损失 　投资净损失 　资产处置净损失 　其他净损失 　营业外支出 　所得税费用	期末转入的各项收入: 　主营业务收入 　其他业务收入 　公允价值变动净收益 　资产处置净收益 　其他净收益 　营业外收入
期末余额:累计亏损	期末余额:累计净利润

> **知识链接**
>
> 各损益类科目结转入"本年利润"账户后,若"本年利润"账户贷方发生额大于借方发生额,则其差额为实现的净利润总额;反之,则为亏损总额。

年度终了,应将本年度实现的净利润总额(或亏损总额),全部转入"利润分配——未分配利润"账户,结转后,"本年利润"账户无余额。

【例 10-5】某服务业企业 2018 年 12 月 31 日各项收入金额如表 10-11 所示。

表 10-11 各项收入账户余额

2018 年 12 月 31 日　　　　　　　　　　　　　　单位:元

项目	金额
主营业务收入	2 274 000
其他业务收入	134 000
投资收益(贷方)	79 200
营业外收入	84 800
合计	2 572 000

按要求结转入"本年利润"账户,应编制会计分录如下。

借：主营业务收入　　　　　　　　　　　　　　　　　　　2 274 000
　　其他业务收入　　　　　　　　　　　　　　　　　　　　134 000
　　投资收益　　　　　　　　　　　　　　　　　　　　　　 79 200
　　营业外收入　　　　　　　　　　　　　　　　　　　　　 84 800
　　贷：本年利润　　　　　　　　　　　　　　　　　　　　　　　2 572 000

【例10-6】某服务业企业2018年12月31日各项支出金额如表10-12所示。

表10-12　各项支出账户余额

2018年12月31日　　　　　　　　　　　　　　　　　　　　单位：元

项目	金额
主营业务成本	1 526 000
其他业务成本	20 600
税金及附加	60 000
销售费用	47 500
管理费用	395 600
财务费用	25 000
资产减值损失	300
营业外支出	1 000
合计	2 076 000

按要求结转入"本年利润"账户，应编制会计分录如下：

借：本年利润　　　　　　　　　　　　　　　　　　　　　2 076 000
　　贷：主营业务成本　　　　　　　　　　　　　　　　　　　　1 526 000
　　　　其他业务成本　　　　　　　　　　　　　　　　　　　　　 20 600
　　　　税金及附加　　　　　　　　　　　　　　　　　　　　　　 60 000
　　　　销售费用　　　　　　　　　　　　　　　　　　　　　　　 47 500
　　　　管理费用　　　　　　　　　　　　　　　　　　　　　　　395 600
　　　　财务费用　　　　　　　　　　　　　　　　　　　　　　　 25 000
　　　　资产减值损失　　　　　　　　　　　　　　　　　　　　　　　300
　　　　营业外支出　　　　　　　　　　　　　　　　　　　　　　　1 000

【例10-7】接例10-5和例10-6，计算所得税费用，并将其结转入"本年利润"账户。

（1）计算所得税时，应编制会计分录如下。

利润总额＝2 572 000－2 076 000＝496 000元

应交所得税＝496 000×25%＝124 000元

借：所得税费用　　　　　　　　　　　　　　　　　　　　　124 000
　　贷：应交税费——应交所得税　　　　　　　　　　　　　　　　124 000

（2）将所得税费用结转入本年利润时，应编制会计分录如下。

借：本年利润　　　　　　　　　　　　　　　　　　　　　　124 000
　　贷：所得税费用　　　　　　　　　　　　　　　　　　　　　 124 000

项目十 税费和利润

【例10-8】接例10-7,将"本年利润"账户的余额转入"利润分配——未分配利润"账户,应编制会计分录如下。

净利润=496 000-124 000=372 000元

借:本年利润　　　　　　　　　　　　　　　　　　　　　　372 000
　　贷:利润分配——未分配利润　　　　　　　　　　　　　　　　372 000

☞ 想一想

(1) 如何计算企业的营业利润?
(2) 服务业企业的利润总额由哪些项目构成?如何计算净利润?
(3) 如何结转收入和费用?

任务三　认知利润分配

☞ 引导案例

谈及对利润分配的认识和理解,以下几个同学阐述了自己的观点。
甲同学:利润分配就是向投资者或股东分配利润。
乙同学:企业所得税也是利润分配的一项内容。
丙同学:利润分配不仅仅指对投资者或股东进行分配,还应包括将可供分配的利润指定特定用途,如提取盈余公积。
思考:上述3位同学的观点是否正确?若不正确,指出不当之处。

一、利润分配的顺序

利润分配是服务业企业根据股东大会或类似权力机构批准的、对企业可供分配利润指定其特定用途和分配给投资者的行为。

服务业企业在计算和确定净利润后,应按有关规定进行合理的分配。

☞ 知识链接

服务业企业净利润的分配涉及各个方面的利益关系,包括投资者、企业及企业内部职工的利益,所以必须遵循兼顾投资者利益、企业利益及企业职工利益的原则对净利润进行分配。

根据公司法等有关法律制度的规定,企业当年实现的净利润,首先应弥补以前年度尚未弥补的亏损,对于剩余部分,应区分有限责任公司和股份有限公司,按照图10-9和图10-10所示的顺序进行分配。

图 10-9 有限责任公司利润分配的顺序

图 10-10 股份有限公司利润分配的顺序

可供投资者分配的利润,经过上述分配后为未分配利润(或未弥补亏损)。未分配利润可留待以后年度进行分配。企业若发生亏损,则可以按规定由以后年度利润进行弥补。

二、利润分配的核算

(一) 利润分配账户的设置

为了核算服务业企业利润的分配(或亏损的弥补)和历年分配(或弥补)后的积存余额,可设置"利润分配"账户,其为所有者权益类账户,其结构如表10-13所示。

表 10-13 "利润分配"账户

借方	贷方
实际分配的利润额: 　提取法定盈余公积 　提取任意盈余公积 　应付优先股股利 　应付普通股股利 　转作资本的股利 　年末转入的亏损	弥补以往年度的亏损额 年末从"本年利润"账户转入的全年净利润
年内余额:已分配的利润额 年末余额:未弥补的亏损额	期末余额:未分配利润

"利润分配"账户下应设置"提取法定盈余公积""提取任意盈余公积""应付优先股股利""应付普通股股利""盈余公积补亏""未分配利润"等明细账户,进行明细核算。

> ☞ 知识链接
> 会计期末应将"利润分配"科目下其他明细账的借方余额,从其贷方转入"利润分配——未分配利润"科目中,结转后,"利润分配"科目的其他明细科目均无余额。"利润分配——未分配利润"科目,若有贷方余额,则表示历年积存的未分配利润;若有借方余额,则表示历年积存的未弥补亏损。

(二) 利润分配的账务处理

利润分配的账务处理如表10-14所示。

项目十 税费和利润

表 10-14 利润分配的账务处理

具体经济业务	借方	贷方
提取法定盈余公积	利润分配——提取法定盈余公积	盈余公积——法定盈余公积
提取任意盈余公积	利润分配——提取任意盈余公积	盈余公积——任意盈余公积
分配优先股股利	利润分配——应付优先股股利	应付股利
分配普通股股利	利润分配——应付普通股股利	应付股利
结转未分配利润	利润分配——未分配利润	利润分配——提取法定盈余公积 　　　　——提取任意盈余公积 　　　　——应付优先股股利 　　　　——应付普通股股利

【例 10-9】某服务业企业本年度实现净利润 372 000 元，经股东大会批准，按净利润的 10%提取法定盈余公积，按净利润的 15%提取任意盈余公积，净利润的 20%用于分配普通股股利。

（1）提取法定盈余公积时，应编制会计分录如下。

借：利润分配——提取法定盈余公积　　　　　　　　　　　　37 200
　　贷：盈余公积——法定盈余公积　　　　　　　　　　　　　　37 200

（2）提取任意盈余公积时，应编制会计分录如下。

借：利润分配——提取任意盈余公积　　　　　　　　　　　　55 800
　　贷：盈余公积——任意盈余公积　　　　　　　　　　　　　　55 800

（3）分配普通股股利时，应编制会计分录如下。

借：利润分配——应付普通股股利　　　　　　　　　　　　　74 400
　　贷：应付股利　　　　　　　　　　　　　　　　　　　　　　74 400

（4）结转未分配利润时，应编制会计分录如下。

借：利润分配——未分配利润　　　　　　　　　　　　　　　167 400
　　贷：利润分配——提取法定盈余公积　　　　　　　　　　　　37 200
　　　　　　　——提取任意盈余公积　　　　　　　　　　　　55 800
　　　　　　　——应付普通股股利　　　　　　　　　　　　　74 400

☞ 想一想

（1）企业进行利润分配的顺序是什么？

（2）按相关规范要求，企业应如何进行利润分配的账务处理？

项目十一

财务报告

知识目标

- 了解财务报告的定义、种类及编制要求。
- 理解资产负债表、利润表、现金流量表、所有者权益变动表的作用和内容。
- 掌握资产负债表和现金流量表的填列。

技能目标

- 能阅读财务报告、解读财务报告传递的财务信息。
- 能填列资产负债表和利润表。
- 能运用相关知识进行财务报告分析。

项目十一 财务报告

知识导图

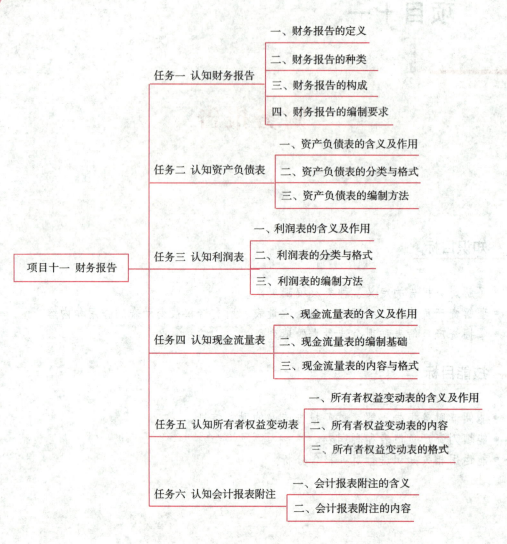

任务一 认知财务报告

引导案例

小组讨论对财务报告的内容时，出现了以下不同观点。

观点一：财务报告和会计报表是统一概念，即指资产负债表、利润表、现金流量表和所有者权益变动表。

观点二：财务报告不仅包含会计报表，还应包括会计报表附注。

观点三：财务报告应包括会计报表、会计报表附注及财务情况说明书。

观点四：除会计报表、会计报表附注和财务情况说明书外，会计凭证、会计账簿等也属于财务报告的内容。

思考：上述观点是否正确？若不正确，指出不当之处。

一、财务报告的定义

财务报告是指服务业企业对外提供的反映其某一特定日期的财务状况和某一会计期间经营成果、现金流量及所有者权益增减变动等会计信息的文件。

☞ 知识链接

财务报告的主要作用是向财务报告使用者提供真实、公允的信息，用于落实和考核企业管理者履行经济责任的情况，并有助于使用者的经济决策。

知识拓展

我国《企业财务会计报告条例》规定：企业不得编制和对外提供虚假的或隐瞒重要事实的财务报告；企业负责人对本企业财务报告的真实性、完整性负责。

☞ 想一想

财务报告是为适应企业内部经营管理的需要而编制的吗？

二、财务报告的种类

财务报告的种类如图11-1所示。

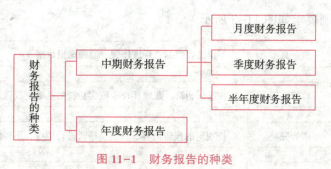

图11-1 财务报告的种类

☞ 知识链接

各类财务报告对应的会计期间：

年度：公历每年的1月1日至12月31日。

半年度：公历每年的1月1日至6月30日或7月1日至12月31日。

季度：公历的每一季度。

月度：公历每月1月1日至最后一日。

三、财务报告的构成

财务报告的构成具体如图 11-2 所示。

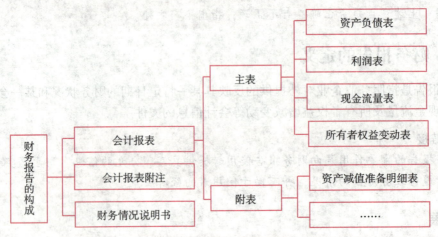

图 11-2　财务报告的构成

> ☞ 知识链接
> 　　企业对外提供的财务报告的内容、会计报表的种类和格式、会计报表附注等的主要内容，由会计准则规定。
> 　　企业内部管理需要的会计报表由企业自行决定。

四、财务报告的编制要求

财务报告的编制要求如图 11-3 所示。

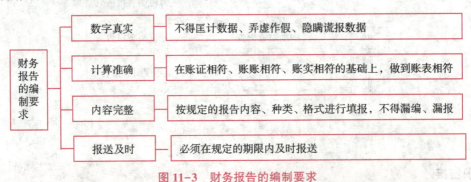

图 11-3　财务报告的编制要求

☞ 想一想
　　什么是财务报告？为什么要编制财务报告？

任务二　认知资产负债表

> **引导案例**
>
> 资产负债表是反映企业在某一特定日期财务状态的报表，其反映的是企业某一特定日期的资产、负债和所有者权益总额及结构。因此，有人认为编制资产负债表毫无意义，因为它的组成在短时间内就可能发生重大的变化。
>
> **思考**：该说法是否正确？企业编制资产负债表的意义何在？

一、资产负债表的含义及作用

资产负债表是反映服务业企业在某一特定日期全部资产、负债和所有者权益情况（即财务状况）的会计报表。

资产负债表的作用如图11-4所示。

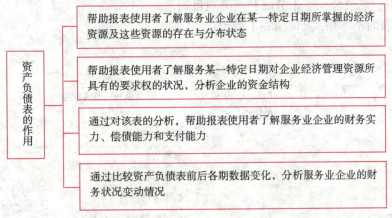

图11-4　资产负债表的作用

二、资产负债表的分类与格式

（一）资产负债表的分类

资产负债表一般有表首和正表两部分。

> **知识链接**
>
> 表首：概括地说明报表名称、编制单位、报表日期、报表编号、计量单位等信息。
>
> 正表：列示用以说明企业财务状况的各个项目。资产负债表的分类如图11-5所示。

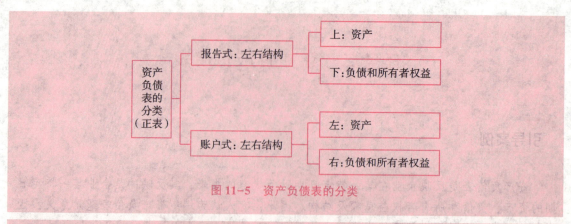

图 11-5 资产负债表的分类

☞ 知识链接

不论是报告式还是账户式的资产负债表,资产各项目的合计等于负债和所有者权益各项目的合计这一等式不变。

在我国,资产负债表采用账户式。

(二)资产负债表的格式

在资产负债表中,资产按照其流动性分类分项列示,包括流动资产和非流动资产;负债按照其流动性分类分项列示,包括流动负债和非流动负债;所有者权益按照实收资本(股本)、资本公积、盈余公积、未分配利润等项目列示。

资产负债表的基本格式如表 11-1 所示。

表 11-1 资产负债表

会企 01 表

编制单位: 　　　　　　　　　　年　月　日　　　　　　　　　　单位:元

资产	期末余额	年初余额	负债和所有者权益(或股东权益)	期末余额	年初余额
流动资产:			流动负债:		
货币资金			短期借款		
交易性金融资产			交易性金融负债		
衍生金融资产			衍生金融负债		
应收票据及应收账款			应付票据及应付账款		
预付款项			预收款项		
其他应收款			合同负债		
存货			应付职工薪酬		
合同资产			应交税费		
			其他应付款		
持有待售资产			持有待售负债		
一年内到期的非流动资产			一年内到期的非流动负债		
其他流动资产			其他流动负债		
流动资产合计			流动负债合计		

续表

资产	期末余额	年初余额	负债和所有者权益（或股东权益）	期末余额	年初余额
非流动资产：			非流动负债：		
债权投资			长期借款		
其他债权投资			应付债券		
长期应收款			其中：优先股		
长期股权投资			永续股		
其他权益工具投资			长期应付款		
其他非流动金融资产			预计负债		
投资性房地产			递延收益		
固定资产			递延所得税负债		
在建工程			其他非流动负债		
生产性生物资产			非流动负债合计		
油气资产			负债合计		
无形资产			所有者权益（或股东权益）：		
开发支出			实收资本（或股本）		
商誉			其他权益工具		
长期待摊费用			其中：优先股		
递延所得税资产			永续股		
其他非流动资产			资本公积		
			减：库存股		
			其他综合收益		
			盈余公积		
			未分配利润		
非流动资产合计			所有者权益（或股东权益）合计		
资产合计			负债和所有者权益（或股东权益）合计		

三、资产负债表的编制方法

（一）年初余额和期末余额

企业会计准则规定，会计报表至少应当反映相关两个期间的比较数据。也就是说，服务业企业需要提供比较资产负债表，所以，资产负债表各项目应分为"年初余额"和"期末余额"两栏分别填列。

1. "年初余额"栏的填列

表中"年初余额"栏内各项目数字，应根据上年年末资产负债表"期末余额"栏内所列数字填列。

项目十一　财务报告

> ☞ **知识链接**
> 　　如果本年度资产负债表规定的各个项目的名称和内容同上年度不一致，应对上年年末资产负债表各项目的名称和数字按照本年度的规定进行调整，按调整后的数字填入表中"年初余额"栏内。

2. "期末余额"栏的填列

资产负债表各项目"期末余额"栏内的数字，可通过以下几种方式取得。

（1）根据总账余额直接填列。例如，"短期借款"项目。

（2）根据总账余额计算填列。例如，"货币资金"项目，需要根据"库存现金""银行存款""其他货币资金"账户的期末余额合计数填列。

（3）根据明细账余额计算填列。例如，"应付账款及应付票据"项目，需要根据"应付账款""预付账款"账户所属相关明细账的期末贷方余额，以及"应付票据"账户的期末余额计算填列。

（4）根据总账和明细账余额分析计算填列。例如，"长期借款"项目，需要根据"长期借款"总账期末余额，扣除"长期借款"总账所属明细账中反映的、将于一年内到期的长期借款部分，分析计算填列。

（5）根据有关账户余额减去其备抵账户余额后的净额填列。例如，"固定资产"项目应用"固定资产"账户余额减去"累计折旧"和"固定资产减值准备"账户余额后的净额，以及"固定资产清理"账户的期末余额填列。

（二）资产负债表中各项目的内容和填列方法

（1）"货币资金"项目，反映服务业企业库存现金、银行存款、外埠存款、银行汇票存款、银行本票存款、信用卡存款、信用证保证金存款等的合计数。本项目应根据"库存现金""银行存款""其他货币资金"账户的期末余额合计填列。

（2）"交易性金融资产"项目，反映企业资产负债表日企业分类为以公允价值计量且其变动计入当期损益的金融资产，以及企业持有的直接指定为以公允价值计量且其变动计入当期损益的金融资产的期末账面价值。本项目应根据"交易性金融资产"科目及明细科目的期末余额分析填列。

（3）"衍生金融资产"项目，反映衍生金融工具的资产价值。本项目应根据"衍生金融资产"科目的期末余额填列。

（4）"应收票据及应收账款"项目，反映企业因销售商品、提供服务等而收到的商业汇票及应收取的各种款项。本项目中的应收票据，应根据"应收票据"科目的期末余额，减去"坏账准备"科目中有关应收票据计提的坏账准备期末余额后的金额填列；本项目中的应收账款，应根据"应收账款"和"预收账款"科目所属各明细科目的期末借方余额合计数，减去"坏账准备"科目中有关应收账款和预收账款计提的坏账准备期末余额后的金额填列。

任务二 认知资产负债表

> **提示**
> 如果"应收账款"科目所属明细科目期末有贷方余额,应在资产负债表"预收款项"项目内填列。
> 已向银行贴现和已背书转让的应收票据不包括在本项目内。

（5）"预付款项"项目,反映企业按照购货合同规定预付给供应单位的款项等。本项目应根据"预付账款"和"应付账款"科目所属各明细科目的期末借方余额合计数,减去"坏账准备"科目中有关预付款项计提的坏账准备期末余额后的金额填列。如果"预付账款"科目所属各明细科目期末有贷方余额,应在资产负债表"应付账款"项目内填列。

> **提示**
> 如果"预付账款"账户所属有关明细账期末有贷方余额的,应在"应付账款"项目内填列。如果"应付账款"账户所属明账有借方余额的,也应包括在"预付款项"项目内。

（6）"其他应收款"项目,反映服务业企业因股权投资而应收取的现金股利、因债权投资而应收取的利息及对其他单位和个人的应收和暂付的款项、减去计提的坏账准备后的净额。本项目应根据"应收利息""应收股利""其他应收款"账户的期末余额,减去"坏账准备"账户中相关坏账准备期末余额后的金额填列。

（7）"存货"项目,反映服务业企业期末在库、在途和在加工中的各项存货的成本或可变现净值。包括各种材料、商品、在产品、半成品、包装物、低值易耗品等。本项目应根据"在途物资"（或"材料采购"）"原材料""库存商品""周转材料""委托加工物资""委托代销商品""生产成本"等账户的期末余额合计,减去"存货跌价准备"账户期末余额后的金额填列。

> **提示**
> 原材料采用计划成本核算,以及库存商品采用售价金额核算的企业,还应按加或减材料成本差异、商品进销差价后的金额填列。

（8）"合同资产"项目,反映企业已向客户转让商品而有权收取对价的权利（该权利取决于时间流逝之外的其他因素）的价值。本项目应根据"合同资产"科目及相关明细科目的期末余额填列。

（9）"持有待售资产"项目,反映服务业企业资产负债表日划分为持有待售类别的非流动资产及划分为持有待售类别的处置组中的流动资产和非流动资产的期末账面价值。本项目应根据"持有待售资产"账户的期末余额减去"持有待售资产减值准备"后的金额填列。

（10）"一年内到期的非流动资产"项目,反映企业将于一年内到期的非流动资产项目金额。本项目应根据有关科目的期末余额填列。

（11）"其他流动资产"项目,反映服务业企业除以上流动资产项目外的其他流动资产。本项目应根据有关账户的期末余额填列。

项目十一 财务报告

> ☞ 提示
>
> 如果其他流动资产价值较大,应在会计报表附注中披露其内容和金额。

(12)"债权投资"项目,反映企业业务管理模式为以特定日期收取合同现金流量为目的的以摊余成本计量的金融资产的账面价值。本项目应根据"债权投资"科目余额减去"债权投资减值准备"科目的余额填列。

(13)"其他债权投资"项目,反映企业既可能持有至到期收取现金流量,也可能在到期之前全部出售的债权投资的账面价值(即公允价值)。本项目应根据"其他债权投资"科目的期末余额填列。

(14)"长期应收款"项目,反映企业融资租赁产生的应收款项、采用递延方式具有融资性质的销售商品和提供劳务等产生的长期应收款项等。本项目应根据"长期应收款"科目的期末余额,减去相应的"未实现融资收益"科目和"坏账准备"科目所属相关明细科目期末余额后的金额填列。

(15)"长期股权投资"项目,反映企业持有的对子公司、联营企业和合营企业的长期股权投资。本项目应根据"长期股权投资"科目的期末余额,减去"长期股权投资减值准备"科目期末余额后的金额填列。

(16)"其他权益工具投资"项目,反映企业不具有控制、共同控制和重大影响的股权及非交易性股票投资的账面价值(即公允价值)。本项目应根据"其他权益工具投资"科目的期末余额填列。

(17)"其他非流动金融资产"项目,反映企业自资产负债表日起超过一年到期且预期持有超过一年的以公允价值计量且其变动计入当期损益的非流动金融资产的期末账面价值。本项目应根据"交易性金融资产"的发生额分析填列。

(18)"投资性房地产"项目,反映企业持有的投资性房地产。企业采用成本模式计量投资性房地产的,本项目应根据"投资性房地产"科目的期末余额,减去"投资性房地产累计折旧(或摊销)"和"投资性房地产减值准备"科目期末余额后的金额填列。企业采用公允价值模式计量投资性房地产的,本项目应根据"投资性房地产"科目的期末余额填列。

(19)"固定资产"项目,反映企业各种固定资产的账面净额。本项目应根据"固定资产"科目的期末余额,减去"累计折旧"和"固定资产减值准备"科目期末余额及"固定资产清理"科目的余额分析填列。

> ☞ 提示
>
> 融资租入的固定资产的原价及已提折旧也包括在"固定资产"项目内。

(20)"在建工程"项目,反映服务业企业尚未达到预定可使用状态的在建工程的期末账面价值和服务业企业为在建工程准备的各种物资的期末账面价值。本项目应根据"在建工程"账户的期末余额,减去"在建工程减值准备"账户期末余额后的金额,以及"工程物资"账户的期末余额,减去"工程物资减值准备"账户的期末余额后的金额填列。

(21)"生产性生物资产"项目,反映企业持有的生产性生物资产。本项目应根据"生产性生物资产"科目的期末余额，减去"生产性生物资产累计折旧"和"生产性生物资产减值准备"科目期末余额后的金额填列。

（22）"油气资产"项目，反映企业持有的矿区权益和油气井及相关设施的原价减去累计折耗和累计减值准备后的净额。本项目应根据"油气资产"科目的期末余额，减去"累计折耗"科目期末余额和相应减值准备后的金额填列。

（23）"无形资产"项目，反映企业持有的无形资产，包括专利权、非专利技术、商标权、著作权、土地使用权等。本项目应根据"无形资产"科目的期末余额，减去"累计摊销"和"无形资产减值准备"科目期末余额后的金额填列。

（24）"开发支出"项目，反映企业开发无形资产过程中能够资本化形成无形资产成本的支出部分。本项目应根据"研发支出"科目中所属的"资本化支出"明细科目的期末余额填列。

（25）"商誉"项目，反映企业在合并中形成的商誉的价值。本项目应根据"商誉"科目的期末余额，减去相应减值准备后的金额填列。

（26）"长期待摊费用"项目，反映企业已经发生但应由本期和以后各期负担的分摊期限在一年以上的各项费用。长期待摊费用中在一年内（含一年）摊销的部分，在资产负债表"一年内到期的非流动资产"项目填列。本项目应根据"长期待摊费用"科目的期末余额减去将于一年内（含一年）摊销的数额后的金额填列。

（27）"递延所得税资产"项目，反映企业确认的可抵扣暂时性差异产生的递延所得税资产。本项目应根据"递延所得税资产"科目的期末余额填列。

（28）"其他非流动资产"项目，反映企业除长期股权投资、固定资产、在建工程、工程物资、无形资产等资产以外的其他非流动资产。本项目应根据有关账户的期末余额填列。

☞ 提示

如果其他非流动资产价值较大，应在会计报表附注中披露其内容和金额。

（29）"短期借款"项目，反映企业向银行或其他金融机构等借入的期限在一年以下（含一年）的各种借款。本项目应根据"短期借款"科目的期末余额填列。

（30）"交易性金融负债"项目，反映企业承担的以公允价值计量且其变动计入当期损益的为交易目的所持有的金融负债。本项目应根据"交易性金融负债"科目的期末余额填列。

（31）"衍生金融负债"项目，反映衍生金融工具的负债价值。本项目根据"衍生金融负债"科目的期末余额填列。

（32）"应付票据及应付账款"项目，反映企业因购买原材料、商品和接受服务等经营活动应支付的款项，以及开出、承兑的商业汇票，包括银行承兑汇票和商业承兑汇票。本项目应根据"应付票据"账户的期末余额，以及"应付账款""预付账款"账户所属各有关明细账的期末贷方余额合计填列。

（33）"预收款项"项目，反映企业按照销货合同规定预收购买单位的款项。本项目应根据"预收账款"和"应收账款"科目所属各明细科目的期末贷方余额合计数填列。

> **提示**
> 如果"预收账款"账户所属有关明细账户有借方余额的,应在"应收账款"项目内填列。

(34)"合同负债"项目,反映企业已收客户对价而应向客户转让商品的义务的价值。本项目应根据"合同负债"科目的期末余额填列。

(35)"应付职工薪酬"项目,反映企业根据有关规定应付给职工的工资、职工福利、社会保险费、住房公积金、工会经费、职工教育经费、非货币性福利、辞退福利等各种薪酬。

> **提示**
> 如果"应付职工薪酬"账户期末有借方余额,以"-"号填列。

(36)"应交税费"项目,反映企业按照税法规定计算应缴纳的各种税费,包括增值税、消费税、所得税、资源税、土地增值税、城市维护建设税、房产税、城镇土地使用税、车船税、教育费附加、矿产资源补偿费等。本项目应根据"应交税费"科目的期末贷方余额填列。

> **提示**
> 如果"应交税费"账户期末有借方余额,以"-"号填列。

(37)"其他应付款"项目,反映企业除应付票据、应付账款、预收账款、应付职工薪酬、应交税费等经营活动以外的其他各项应付、暂收的款项。本项目应根据"其他应付款""应付股利""应付利息"科目的期末余额填列。

(38)"持有待售负债"项目,反映资产负债表日处置组中与划分为持有待售类别的资产直接相关的负债的期末账面价值。本项目应根据"持有待售负债"账户的期末余额填列。

(39)"一年内到期的非流动负债"项目,反映企业非流动负债中将于资产负债表日后一年内到期部分的金额,如将于一年内偿还的长期借款。本项目应根据有关科目的期末余额填列。

(40)"其他流动负债"项目,反映企业除以上流动负债以外的其他流动负债。本项目应根据有关账户的期末余额填列。

> **提示**
> 如果其他流动负债价值较大,应在会计报表附注中披露其内容及金额。

(41)"长期借款"项目,反映企业向银行或其他金融机构借入的期限在一年以上(不含一年)的各项借款。本项目应根据"长期借款"科目的期末余额填列。

(42)"应付债券"项目,反映企业为筹集长期资金而发行的债券本金和利息。本项目应根据"应付债券"科目的期末余额填列。

(43)"长期应付款"项目,反映企业除长期借款和应付债券以外的其他各种长期应付款项。本项目应根据"长期应付款"账户的期末余额,减去相应的"未确认融资费用"账户期末余额后的金额,以及"专项应付款"账户的期末余额填列。

（44）"预计负债"项目，反映企业确认的对外提供担保、未决诉讼、产品质量保证、重组义务、亏损性合同等事项的预计负债的期末余额。本项目应根据"预计负债"账户的期末余额填列。

（45）"递延收益"项目，反映企业应当在以后期间计入当期损益的政府补助。本项目应根据"递延收益"科目的余额填列。

（46）"递延所得税负债"项目，反映企业确认的应纳税暂时性差异产生的所得税负债。本项目应根据"递延所得税负债"科目的期末余额填列。

（47）"其他非流动负债"项目，反映企业除长期借款、应付债券等负债以外的其他非流动负债。本项目应根据有关科目的期末余额减去将于一年内（含一年）到期偿还数后的余额填列。非流动负债各项目中将于一年内（含一年）到期的非流动负债，应在"一年内到期的流动负债"项目内单独反映。

☞ 提示

如果其他非流动负债价值较大，应在会计报表附注中披露其内容和金额。

☞ 知识链接

上述非流动负债各项目中将于一年内（含一年）到期的负债，应在"一年内到期的非流动负债"项目内单独反映。上述非流动负债各项目均应根据有关账户期末余额减去将于一年内（含一年）到期的非流动负债后的金额填列。

（48）"实收资本（或股本）"项目，反映企业各投资者实际投入的资本（或股本）总额。本项目应根据"实收资本（或股本）"账户的期末余额填列。

（49）"其他权益工具"项目，反映企业发行的除普通股以外的归类为权益工具的优先股、永续股的价值。本项目应根据"其他权益工具"科目的期末余额填列。"其他权益工具"项目下设的"优先股"和"永续股"两个项目，分别反映企业发行的分类为权益工具的优先股和永续股的账面价值。

（50）"资本公积"项目，反映企业资本公积的期末余额。本项目应根据"资本公积"账户的期末余额填列。

（51）"库存股"项目，反映企业持有尚未转让或注销的本公司股份金额。本项目应根据"库存股"科目的期末余额填列。

（52）"其他综合收益"项目，指企业根据其他会计准则规定未在当期损益中确认的各项利得和损失。本项目应根据"其他综合收益"科目的期末余额填列。

（53）"盈余公积"项目，反映企业盈余公积的期末余额。本项目应根据"盈余公积"账户的期末余额填列。

（54）"未分配利润"项目，反映企业尚未分配的利润。本项目应根据"本年利润"账户和"利润分配"账户的余额计算填列。

☞ 提示

未弥补的亏损，在"未分配利润"项目内以"-"号填列。

项目十一 财务报告

☞ 想一想
1. 什么是资产负债表?
2. 资产负债表的结构有什么特点?
3. 编制资产负债表应注意什么事项?

【例 11-1】某服务业企业××年 12 月 31 日的有关账户余额如表 11-2 所示。

表 11-2 账户余额表   单位：元

账户名称	借方余额	贷方余额
库存现金	10 000	
银行存款	2 451 589.87	
应收账款	80 000	
其中：甲公司	100 000	
乙公司		20 000
预付账款		30 000
其中：丙公司	20 000	
丁公司		50 000
坏账准备		5 000
原材料	70 000	
低值易耗品	10 000	
发出商品	90 000	
库存商品	100 000	
商品进销差价		55 000
应付账款		70 000
其中：A 公司		100 000
B 公司	30 000	
预收账款		10 000
其中：C 公司		40 000
D 公司	30 000	
应付职工薪酬	4 000	
长期借款		80 000
固定资产	30 570 582.94	
累计折旧		5 588 470.76
固定资产减值准备		20 000

其他资料：有一笔到期一次还本付息的长期借款 50 000 元（本利和），将于一年内到期。

根据上述资料，该服务业企业××年 12 月 31 日资产负债表部分项目的填列结果如表 11-3 所示。

表 11-3　资产负债表部分项目

编制单位：某服务业企业　　　　　　　　　××年12月31日　　　　　　　　　　　　　　单位：元

项目	金额	项目	金额
货币资金	2 461 589.87	应付票据及应付账款	150 000
应收票据及应收账款	125 000	预收账款	60 000
预付账款	50 000	应付职工薪酬	-4 000
存货	215 000	一年内到期的非流动负债	50 000
固定资产	24 981 912.18	长期借款	30 000

任务三　认知利润表

引导案例

对如何判断一家企业经营业绩的好坏，有如下3种观点。

观点一：净利润越高，代表公司经营业绩越好。

观点二：净利润的高低并不绝对代表经营业绩的好坏，还应分析利润的具体构成。

观点三：判断公司的经营业绩的好坏，仅仅分析利润表的相关数据还不够，还应将其与其他会计信息结合，如分析净利润有多少变成现金进入公司账户等。

思考：上述观点是否正确？应如何合理看待利润表的作用？

一、利润表的含义及作用

利润表是指反映服务业企业在一定会计期间经营成果的报表，主要提供企业经营成果方面的信息，属于动态报表。

利润表的列报必须充分反映服务业企业经营业绩的主要来源和构成，其所提供的会计信息的作用如图11-6所示。

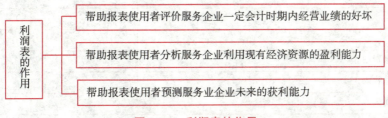

图 11-6　利润表的作用

二、利润表的分类与格式

（一）利润表的分类

利润表一般有表首和正表两部分。

> 📖 **知识链接**
> 表首：概括地说明报表名称、编制单位、报表所属期间、报表编号、货币名称、计量单位等信息。
> 正表：反映形成经营成果的各个项目和计算过程。

利润表的分类如图 11-7 所示。

```
利润表的分类 ┬─ 单步式：将当期所有的收入列在一起，然后将所有的费用列在一起，两者
            │         相减得出当期净利润
            │
            └─ 多步式：通过对当期的收入、费用、支出项目按性质或功能加以归类，按
                      利润形成的主要环节列示一些中间性利润指标，分步计算当期净利润
```

图 11-7 利润表的分类

> 📖 **知识链接**
> 在我国，利润表一般采用多步式。

（二）利润表的格式

利润表的基本格式和内容如表 11-4 所示。

表 11-4 利润表　　会企 02 表

编制单位：　　　　　年　月　　　　　单位：元

项目	本期金额	上期金额
一、营业收入		
减：营业成本		
税金及附加		
销售费用		
管理费用		
研发费用		
财务费用		
其中：利息费用		
利息收入		
资产减值损失		
加：其他收益		
投资收益（损失以"-"号填列）		
其中：对联营企业和合营企业的投资收益		

续表

项目	本期金额	上期金额
公允价值变动损益（损失以"-"号填列）		
资产处置收益（损失以"-"号填列）		
二、营业利润（亏损以"-"号填列）		
加：营业外收入		
减：营业外支出		
三、利润总额（亏损总额以"-"号填列）		
减：所得税费用		
四、净利润（净亏损以"-"号填列）		
（一）持续经营净利润（净亏损以"-"号填列）		
（二）终止经营净利润（净亏损以"-"号填列）		
五、其他综合收益的税后净额		
六、综合收益总额		
七、每股收益		
（一）基本每股收益		
（二）稀释每股收益		

三、利润表的编制方法

（一）利润表中的填列步骤

我国企业利润表的主要编制步骤如下。

第一步，以营业收入为基础，减去营业成本、税金及附加、销售费用、管理费用、研发费用、财务费用、资产减值损失，加上其他收益、投资收益（或减去投资损失）、公允价值变动收益（或减去公允价值变动损失）、资产处置收益（或减去资产处置损失），计算出营业利润。

第二步，以营业利润为基础，加上营业外收入，减去营业外支出，计算出利润总额。

第三步，以利润总额为基础，减去所得税费用，即计算出净利润（或净亏损）。

第四步，以净利润（或净亏损）为基础，计算出每股收益。

第五步，以净利润（或净亏损）和其他综合收益为基础，计算出综合收益总额。

企业会计准则规定，会计报表至少应当反映相关两个会计期间的比较数据。也就是说，企业需要提供比较利润表。所以，利润表项目需要分为"本期金额"和"上期金额"两栏分别填列。

"本期金额"栏反映各项目的本期实际发生数。在编报某月、某季度、某半年度利润表时，填列上年同期实际发生数；在编报年度利润表时，填列上年全年实际发生数。

> **知识链接**
>
> 如果上年度利润表与本年度利润表的项目名称和内容不一致，应对上年度利润表项目的名称和数字按本年度的规定进行调整，填入本表"上期金额"栏。

(二)利润表中各项目的填列方法

利润表中各项目的金额,一般是根据有关账户的本期发生额来填列的。"本期金额"栏内各项数字,根据以下方法填列。

(1)"营业收入"项目:反映服务业企业经营主要业务和其他业务所取得的收入总额。本项目应根据"主营业务收入"账户和"其他业务收入"账户的发生额合计分析填列。

(2)"营业成本"项目:反映服务业企业经营主要业务和其他业务发生的实际成本总额。本项目应根据"主营业务成本"账户和"其他业务成本"账户的发生额合计分析填列。

(3)"税金及附加"项目:反映企业经营业务应负担的消费税、城市维护建设税、资源税、教育费附加及房产税、城镇土地使用税、车船税、印花税等。本项目应根据"税金及附加"账户的发生额分析填列。

(4)"销售费用"项目:反映服务业企业在销售商品、提供服务,以及在购入商品过程中发生的包装费、广告费等费用和为销售本企业产品而专设的销售机构的职工薪酬、业务费等经营费用。本项目应根据"销售费用"账户的发生额分析填列。

(5)"管理费用"项目:反映服务业企业为组织和管理生产经营发生的管理费用。本项目应根据"管理费用"账户的发生额分析填列。

> ☞提示
> 计入"管理费用"项目中的研发费用不在本项目填列,应在"研发费用"项目中填列。

(6)"研发费用"项目:反映服务业企业进行研究与开发过程中发生的费用化支出。本项目应根据"管理费用"账户下的"研发费用"明细账户的发生额分析填列。

(7)"财务费用"项目:反映服务业企业为筹集生产经营所需资金而发生的利息支出等。本项目应根据"财务费用"账户的发生额分析填列。

(8)"利息费用"项目:反映服务业企业为筹集生产经营所需资金等而发生的应予以费用化的利息支出。本项目应根据"财务费用"账户的相关明细账户的发生额分析填列。

(9)"利息收入"项目:反映服务业企业确认的利息收入。本项目应根据"财务费用"账户的相关明细账户的发生额分析填列。

(10)"资产减值损失"项目:反映服务业企业因资产减值而发生的损失。本项目应根据"资产减值损失"账户的发生额分析填列。

(11)"其他收益"项目:反映服务业企业计入其他收益的政府补助等。本项目应根据"其他收益"账户的发生额分析填列。

(12)"投资收益"项目:反映服务业企业以各种方式对外投资所取得的净收益。本项目应根据"投资收益"账户的发生额分析填列。如果为投资净损失,以"-"号填列。

(13)"公允价值变动收益"项目:反映服务业企业资产因公允价值变动而发生的损益。本项目应根据"公允价值变动损益"账户的发生额分析填列。如果为净损失,以"-"号填列。

(14)"资产处置收益"项目:反映服务业企业出售划分为持有待售的非流动资产(金融工具、长期股权投资和投资性房地产除外)或处置组(子公司和业务除外)时确认的处置利得或损失,以及处置未划分为持有待售的固定资产、在建工程及无形资产产生的处置利得或损失。债务重组中以处置非流动资产产生的利得或损失和非货币性资产交换中处置非流动资产产生的利得或损失也包括在本项目内。本项目应根据"资产处置损益"科目的发生额分析填列。如果为处置损失,以"-"号填列。

(15)"营业外收入"项目：反映服务业企业发生的除营业利润以外的收益，主要包括债务重组利得、与企业日常活动无关的政府补助、盘盈利得、捐赠利得等。本项目应根据"营业外收入"账户的发生额分析填列。

(16)"营业外支出"项目：反映服务业企业发生的除营业外利润以外的支出，主要包括债务重组损失、公益性捐赠支出、非常损失、盘亏损失、非流动资产损毁报废损失等。本项目应根据"营业外支出"账户的发生额分析填列。

(17)"所得税费用"项目：反映服务业企业按规定从本期利润总额中减去的所得税。本项目应根据"所得税费用"账户的发生额分析填列。

(18)"持续经营净利润"和"终止经营净利润"项目：分别反映服务业企业净利润中与持续经营相关的净利润和与终止经营相关的净利润。这两个项目应按照《企业会计准则第42号——持有待售的非流动资产、处置组和终止经营》的相关规定分别填列。如果为净亏损，以"-"号填列。

(19)"基本每股收益"和"稀释每股收益"项目：反映企业根据每股收益准则的规定计算的两种每股收益指标的金额。

(20)"其他综合收益的税后净额"项目：反映企业未在当期损益中确认的各项利得或损失扣除所得税影响后的净额。本项目根据有关账户的明细发生额分析计算填列。

(21)"综合收益总额"项目：反映净利润和其他综合收益扣除所得税影响后的净额相加后的合计数额。本项目根据利润表中相关项目计算填列。

☞ **想一想**

(1) 什么是利润表？它有什么重要作用？
(2) 利润表有哪几种格式？我国利润表采用哪种格式？
(3) 利润表中各项目的填列依据是什么？

【例11-2】某服务业企业××年12月有关账户发生额如表11-5所示。

表11-5 账户发生额   单位：元

账户名称	借方	贷方
主营业务收入		2 600 000
主营业务成本	1 600 000	
税金及附加	4 000	
销售费用	90 000	
管理费用	236 000	
其中：研发费用	80 000	
财务费用	83 000	
其中：利息费用	75 600	
利息收入	2 000	
投资收益		63 000
营业外收入		120 000
营业外支出	59 400	
所得税费用	157 650	

项目十一　财务报告

根据上述资料，该服务业企业××年12月利润表的填列结果如表11-6所示。

表 11-6　利润表　　　　　　　　　　　　　　　会企02表

编制单位：某服务业企业　　　　××年12月　　　　　　　　单位：元

项目	本期金额	上期金额
一、营业收入	2 600 000	
减：营业成本	1 600 000	
税金及附加	4 000	
销售费用	90 000	
管理费用	236 000	
研发费用	80 000	
财务费用	83 000	
其中：利息费用	75 600	
利息收入	2 000	
资产减值损失	0	
加：其他收益	0	
投资收益（损失以"-"号填列）	63 000	
其中：对联营企业和合营企业的投资收益	0	
公允价值变动损益（损失以"-"号填列）	0	
资产处置收益（损失以"-"号填列）	0	
二、营业利润（亏损以"-"号填列）	570 000	
加：营业外收入	120 000	
减：营业外支出	59 400	
三、利润总额（亏损总额以"-"号填列）	630 600	
减：所得税费用	157 650	
四、净利润（净亏损以"-"号填列）	472 950	

任务四　认知现金流量表

引导案例

对现金流量表的理解，有以下几种观点。

观点一：企业的现金流量净额就像企业的利润一样越大越好。

观点二：经营活动现金流量净额等于经营活动现金流入减去经营活动现金流出，因此，应努力减少现金流出，以增加经营活动现金流量净额。

观点三：企业的现金流量来自经营活动、投资活动和筹资活动，因此，企业非常有必要通过投资活动和筹资活动来增加其现金流入。

思考：上述观点是否正确？若不正确，指出不当之处。

一、现金流量表的含义及作用

现金流量表是指反映服务业企业一定会计期间现金及现金等价物流入和流出情况的报表，属于动态报表。

服务业企业编制现金流量表的主要目的，是为会计报表使用者提供企业一定会计期间内的现金和现金等价物的流入和流出等会计信息。现金流量表的作用如图11-8所示。

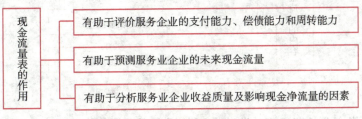

图11-8 现金流量表的作用

二、现金流量表的编制基础

现金流量表的编制基础如图11-9所示。

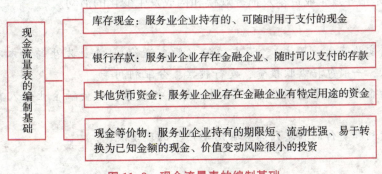

图11-9 现金流量表的编制基础

☞ 知识链接

现金流量表中的"现金"不同于通常意义上的库存现金，其主要是指服务业企业的库存现金、随时可以用于支付的存款。

三、现金流量表的内容与格式

（一）现金流量表的内容

企业会计准则将服务业企业的现金流量划分为经营活动产生的现金流量、投资活动产生

183

的现金流量和筹资活动产生的现金流量三大类。在编制现金流量表时，应根据企业的实际情况，对现金流量进行合理的归类。

经营活动是指企业投资活动和筹资活动以外的所有交易和事项。

> **知识链接**
> 对于服务业企业而言，经营活动主要包括提供服务、销售商品、经营租赁、购买商品、接受劳务、广告宣传、缴纳税款等。

现金流量的内容如图11-10所示。

图11-10 现金流量的内容

投资活动是指企业长期资产的购建和不包括在现金等价物范围内的投资及其处置活动。

> **知识链接**
> 服务业企业的投资活动主要包括取得和收回投资、购建和处置固定资产、无形资产和其他长期资产等。

筹资活动是指导致企业资本及债务规模和构成发生变化的活动。

> **知识链接**
> 资本包括实收资本（股本）、资本溢价（股本溢价）。企业发生与资本有关的现金流入与流出项目，一般包括吸收投资、发行股票、分配利润等。
> 债务是指企业对外举债所借人的款项，如发行债券、向金融企业借入款项及偿还债务等。
> 支付的股利和支付的利息列为筹资活动产生的现金流量。

（二）现金流量表的格式

现金流量表一般有表首和正表两部分。

> **知识链接**
> 表首：概括地说明报表名称、编制单位、报表所属年度、报表编号、货币名称、计量单位等信息。
> 正表：反映现金流量的各个项目和计算过程。

现金流量表正表的项目如图11-11所示。

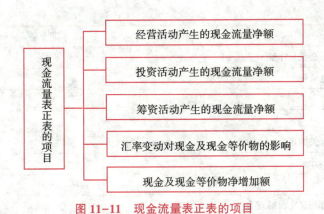

图 11-11 现金流量表正表的项目

现金流量表的基本格式如表 11-7 所示。

表 11-7 现金流量表　　　　　　　　　　会企 03 表

编制单位：　　　　　　　　　　年　月　　　　　　　　　　单位：元

项目	本期金额	上期金额
一、经营活动产生的现金流量		
销售商品、提供劳务收到的现金		
收到的税费返还		
收到的其他与经营活动有关的现金		
经营活动现金流入小计		
购买商品、接受劳务支付的现金		
支付给职工及为职工支付的现金		
支付的各项税费		
支付的其他与经营活动有关的现金		
经营活动现金流出小计		
经营活动产生的现金流量净额		
二、投资活动产生的现金流量		
收回投资收到的现金		
取得投资收益收到的现金		
处置固定资产、无形资产和其他长期资产收回的现金净额		
处置子公司及其他营业单位收到的现金净额		
收到的其他与投资活动有关的现金		
投资活动现金流入小计		
购建固定资产、无形资产和其他长期资产支付的现金		
投资支付的现金		
取得子公司及其他营业单位支付的现金净额		
支付的其他与投资活动有关的现金		
投资活动现金流出小计		

项目十一 财务报告

续表

项目	本期金额	上期金额
投资活动产生的现金流量净额		
三、筹资活动产生的现金流量		
吸收投资收到的现金		
取得借款收到的现金		
收到其他与筹资活动有关的现金		
筹资活动现金流入小计		
偿还债务支付的现金		
分配股利、利润或偿付利息支付的现金		
支付其他与筹资活动有关的现金		
筹资活动现金流出小计		
筹资活动产生的现金流量		
四、汇率变动对现金及现金等价物的影响		
五、现金及现金等价物净增加额		
加：期初现金及现金等价物余额		
六、期末现金及现金等价物余额		

☞ **想一想**

（1）什么是现金流量表？

（2）试阐述现金流量表的作用及其结构？

任务五　认知所有者权益变动表

引导案例

有观点认为所有者权益变动表提供的是企业年末所有者权益增减变动的信息，而所有者权益的各项目，如实收资本、资本公积、盈余公积和未分配利润的增加、减少及其余额情况，都可以通过分析资产负债表相关项目的年初数和年末数取得，因此，企业没有必要编制所有者权益变动表。

思考：该观点是否正确？企业编制所有者权益变动表的意义何在？

一、所有者权益变动表的含义及作用

所有者权益（或股东权益）变动表是指反映服务业企业年末所有者权益（或股东权益）

增减变动情况的报表。

通过所有者权益（或股东权益）变动表，可以了解企业某一会计年度所有者权益（或股东权益）的各项目，如实收资本（或股本）、资本公积、盈余公积和未分配利润等的增加、减少及其余额的情况，分析其变动原因及预测未来的变动趋势。

二、所有者权益变动表的内容

按照《企业会计准则第 30 号——财务报表列报》的规定，所有者权益（或股东权益）变动表至少应当单独列示图 11-12 所示的信息项目。

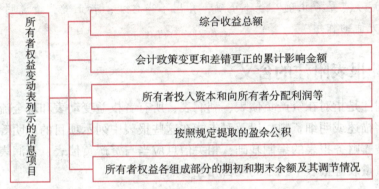

图 11-12 所有者权益变动表列示的信息项目

三、所有者权益变动表的格式

为了清楚地表明构成所有者权益的各组成部分当期的增减变动情况，所有者权益变动表应当以矩阵的形式列示。

一方面，列示导致所有者权益变动的交易或事项，不再仅仅按照所有者权益的各组成部分反映所有者权益变动情况，而是从所有者权益变动的来源对一定时期所有者权益变动情况进行全面反映。

另一方面，按照所有者权益各组成部分（包括实收资本、资本溢价、其他综合收益、盈余公积、未分配利润和库存股等）及其总额列示交易或事项对所有者权益的影响。

此外，企业还需要提供比较所有者权益变动表，所有者权益变动表对各项项目再分为"本年金额"和"上年金额"两栏分别填列。

☞ 想一想

所有者权益变动表包括哪些项目？

任务六 认知会计报表附注

引导案例

有观点认为会计报表附注可以帮助会计信息使用者了解企业的基本情况和会计核算基础，能够帮助理解财务报表及修正已获取的财务报表信息。

思考： 上述观点是否正确？若不正确，指出不当之处；若正确，请说明会计报表附注是否还有其他方面的作用？

一、会计报表附注的含义

会计报表附注是指对在资产负债表、利润表、所有者权益变动表和现金流量表等报表中列示项目的文字描述或明细资料，以及对未能在这些报表中列示项目的说明等。

附注应当披露财务报表的编制基础，相关信息应当与资产负债表、利润表、所有者权益变动表和现金流量表等报表中列示的项目相互参照。

二、会计报表附注的内容

按照《企业会计准则第30号——财务报表列报》的规定，会计报表附注应披露的内容如图11-13所示。此外，企业还应在附注中披露在资产负债表日后、财务报告批准报出日前提议或者宣布发放的股利总额和每股股利金额（或向投资者分配的利润总额）。

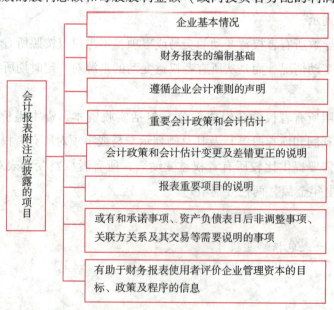

图11-13 会计报表附注应披露的项目

企业基本情况应包括的内容如图11-14所示。

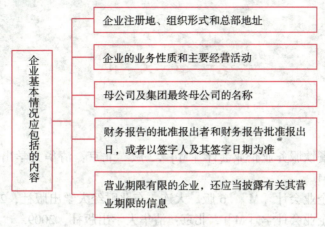

图 11-14　企业基本情况应包括的内容

参考文献

[1] 丁元霖. 旅游餐饮服务业企业会计 [M]. 2版. 北京：清华大学出版社，北京交通大学出版社，2004.
[2] 马桂顺. 旅游企业会计 [M]. 6版. 大连：东北财经大学出版社，2017.
[3] 马桂顺. 旅游企业会计学 [M]. 北京：清华大学出版社，2009.
[4] 陈旭东. 旅游企业会计 [M]. 北京：中国商业出版社，2014.
[5] 刘雅漫. 旅游企业会计 [M]. 3版. 大连：大连理工大学出版社，2015.
[6] 黄海玉. 旅游会计学 [M]. 大连：东北财经大学出版社，2015.